한자 단어
쓰기

한자 단어 쓰기

초판 1쇄 인쇄_2018년 9월 17일 | **초판 1쇄 발행**_2018년 9월 24일
엮은이_김한일
펴낸이_진성옥 외 1인 | **펴낸곳**_꿈과희망
디자인 · 편집_김재경 | **마케팅**_김진용
주소_서울시 용산구 백범로90길 74, 대우이안 오피스텔 103동 1005호
전화_02)2681-2832 | **팩스**_02)943-0935 | **출판등록**_제2016-000036호
e-mail_ jinsungok@empal.com
ISBN_979-11-6186-035-0   13710
※ 책 값은 뒤표지에 있습니다.
※ 새론북스는 도서출판 꿈과희망의 계열사입니다.
ⓒPrinted in Korea. | ※ 잘못된 책은 바꾸어 드립니다.

교과서 한자 단어 완전정복!

쓰지 않고 읽기만 해도 도움이 되는

한자 단어

쓰기

꿈과희망

우리말 어휘의 대부분을 차지하는 한자어는 교과 내용의 이해와 학습에 큰 역할을 한다. 또한 대부분의 교과서가 거의 한글로 표기되어 있기 때문에 한자어로 된 개념과 용어를 배울 때 한자의 훈과 음을 알면 그 의미와 원리를 더 쉽고 빠르게 이해할 수 있다.

특히 학년이 올라갈수록 한자를 모르면 의미를 파악하기 힘든 단어가 대거 등장하는데 이때는 한자 실력이 성적을 좌우할 수밖에 없다. 한자를 많이 알고 있는 학생은 교과 과목의 용어와 개념을 쉽게 이해하지만, 그렇지 않은 학생은 무작정 외울 수밖에 없기 때문이다.

한자로 개념이나 단어의 뜻을 유추하다 보면 사고력은 물론 교과 전반에 대한 이해력이 높아진다. 한자를 많이 알게 되면 그 의미를 잘못 파악하거나 다른 개념과 헷갈려 불필요하게 낭비하는 시간이 줄어들기 때문에 학습 효율도 높일 수 있게 된다.

또한 단어의 의미를 정확히 숙지하지 않고 진학을 하게 되면 학습 장애를 겪을 가능성이 높아진다. 책을 열심히 읽고도 그 의미나 용어의 내용을 이해하지 못하는 학습부진은 어휘력 부족으로 일어나는 경우가 많다.

이 책은 한자 학습과 어휘력 향상에 도움이 되도록 교과서에서 한자어를 찾아내어서 획순이 작은 단어부터 배열하여 편집하였다. 또한 교과 과목을 표기하고 훈과 음 또한 쓰는 순서와 낱말을 풀이하여 학습에 도움이 되도록 하였다.

엮은이

火	山	工	具	加	工	代	入
불 **화**	메 **산**	장인 **공**	갖출 **구**	더할 **가**	장인 **공**	대신할 **대**	들 **입**
丶丶少火	｜山山	一丁工	｜冂且具	⁊力加加	一丁工	ノイ仁代	ノ入

사회	국어	기술	수학
화산 : 땅 속의 용암이 밖으로 내뿜어지는 곳이나 그 내뿜어진 것이 쌓여 이루어진 산.	**공구** : 기계 따위를 만드는 데 쓰는 기구.	**가공** : 원료나 재료에 손을 더 대어 새로운 물건을 만드는 일.	**대입** : 대신 다른 것을 넣음. 수학에서 문자를 대신하여 수를 넣는 것.

分	子	火	田	化	石	反	正
나눌 **분**	아들 **자**	불 **화**	밭 **전**	될 **화**	돌 **석**	되돌릴 **반**	바를 **정**
ノ八分分	⁊了子	丶丶少火	｜冂田田	ノイ仁化	一ブ不石	一厂万反	一丁下正

과학	사회	과학	사회
분자 : 물질의 기본적 성질을 잃지 않고 나눌 수 있는 그 물질의 가장 작은 입자.	**화전** : 산이나 들에 불을 지른 다음 파서 일구어 농사를 짓는 밭.	**화석** : 생물의 유해 및 흔적 등이 퇴적암 따위의 암석 속에 남아 있는 것.	**반정** : 옳지 못한 임금을 폐하고 새 임금을 세워 나라를 바로잡는 일.

山	林
뫼 **산**	수풀 **림**
ㅣ 山 山	十 ㅊ 村 林

국어

산림 : 산과 숲. 또는 산에 있는 숲.

引	力
당길 **인**	힘 **력**
ㄱ ㄱ 弓 引	ㄱ 力

과학

인력 : 공간적으로 떨어진 물체끼리 서로 끌어당기는 힘.

羊	水
양 **양**	물 **수**
ㅛ ㅛ 드 羊	ㅣ 기 水 水

과학

양수 : 양막과 태아 사이의 공간을 채운 액체를 물질로 외부의 충격과 건조로부터 태아를 보호함.

光	年
빛 **광**	해 **년**
ㅣ ㅛ ㅛ 光	ㄱ ㄷ 드 年

과학

광년 : 빛이 진공 속에서 1년 동안 가는 거리.

方	位
모 **방**	자리 **위**
ㅣ ㅡ ㅎ 方	ㄱ ㅓ ㅓ 仁 位

사회

방위 : 지도에서 동서남북 방향을 나타냄.

木	材
나무 **목**	재목 **재**
ㅡ 十 才 木	十 ㅊ 村 材

국어

목재 : 건축에 쓰이는 나무의 재료.

分	母
나눌 **분**	어미 **모**
ㄱ 八 今 分	ㄴ 丹 母 母

수학

분모 : 분수 또는 분수식의 가로줄 밑에 적은 수나 식.

立	法
설 **입**	법 **법**
ㅣ ㅡ ㅎ 立	ㄱ ㅧ 汢 法

사회

입법 : 법을 제정함. 또는 그 행위.

♣ 한자의 뜻과 음을 읽으며 쓰세요.

河	川	先	山	子	宮	年	金
강이름 **하**	내 **천**	먼저 **선**	뫼 **산**	아들 **자**	집 **궁**	해 **년**	쇠 **금**
氵汀河河	ノ刂川	ノ𠂉牛先	丨山山	了了子	宀宀宀宮	ノ𠂉二午年	ノ入全金

사회
하천 : 시내. 강.

국어
선산 : 조상의 무덤. 또는 조상의 무덤이 있는 곳.

과학
자궁 : 태아가 자라는 집.

사회
연금 : 어떤 개인에게 햇수 단위로 정한 금액을 정기적으로 급여하는 금액.

老	人	合	同	大	地	安	全
늙을 **로**	사람 **인**	합할 **합**	한가지 **동**	큰 **대**	땅 **지**	편안할 **안**	온전할 **전**
一土耂老	ノ人	人合合合	丨冂冂同	一ナ大	一土圵地	宀宁安安	ノ入全全

국어
노인 : 나이가 많은 사람.

수학
합동 : 위치만 변화시켜 포개었을 때 같아지는 것.

국어
대지 : 대자연 속의 넓고 큰 땅.

기술
안전 : 편안하고 아무 탈이 없음. 위험이 없음.

8

一	面	決	死	才	色	公	使
한 일	얼굴 면	결단할 결	죽을 사	재주 재	빛 색	공변될 공	부릴 사
一	一 丙 而 面	冫 氵 氵 決	一 丂 歹 死	一 十 才	夕 夕 多 色	丿 八 公 公	亻 仁 佢 使

국어

일면 : 물체나 사물의 한 면. 또는 일의 한 방면.

사회

결사 : 죽기를 각오하고 있는 힘을 다할 것을 결심함.

국어

재색 : 여자의 재주와 용모. 고운 얼굴.

사회

공사 : 국가를 대표하여 조약을 맺은 국가에 일정 기간 머무르는 외교관.

主	流	共	存	心	材	回	折
주인 주	흐를 류	함께 공	있을 존	마음 심	재목 재	돌 회	꺾을 절
丶 二 十 主	氵 氵 汸 流	一 丗 廾 共	一 才 存 存	丶 心 心 心	十 木 村 材	丨 冂 回 回	十 扌 扩 折

사회

주류 : 어떤 조직이나 단체에서 영향력이 가장 강한 세력.

사회

공존 : 함께 같이 있는 것. 함께 살아가는 것.

기술

심재 : 나무줄기의 중심부에 있는 단단한 부분. 또는 그것으로 된 재목.

과학

회절 : 음파·전파·빛 따위의 파동이 좁은 틈 같은 데를 지날 때 똑바로 지나지 않고, 뒤쪽의 그늘진 부분에 까지도 약간 전파되는 현상.

拍	子	内	角	分	別	分	布
칠 **박**	아들 **자**	안 **내**	뿔 **각**	나눌 **분**	나눌 **별**	나눌 **분**	베 **포**
扌 扌 扚 拍	⁊ 了 子	丨 冂 内 内	⁊ ⁊ 角 角	ノ 八 分 分	口 另 另 別	ノ 八 分 分	一 ナ 右 布

音樂 음악

박자 : 곡조의 진행하는 시간을 헤아리는 단위.

數學 수학

내각 : 다각형에서 안쪽의 각.

科學 과학

분별 : 가려서 알아 냄.

國語 국어

분포 : 여러 곳으로 퍼져 있음.

羊	毛	外	角	四	則	世	上
양 **양**	털 **모**	밖 **외**	뿔 **각**	넉 **사**	법칙 **칙**	인간 **세**	위 **상**
⸌ ⸌ 兰 羊	⸍ ⸍ 三 毛	ノ 夕 外 外	⁊ ⁊ 角 角	丨 冂 四 四	冂 目 貝 則	一 卄 丗 世	丨 ト 上

社會 사회

양모 : 양의 털.

數學 수학

외각 : 다각형에서 바깥쪽의 각.

數學 수학

사칙 : 덧셈·뺄셈·곱셈·나눗셈의 네 가지 계산 방법.

國語 국어

세상 : 모든 사람이 살고 있는 지구 위.

人	形
사람 **인**	모양 **형**
丿人	一二开形

국어

인형 : 흙 · 나무 · 헝겊 따위로 사람의 모양을 본떠서 만든 장난감.

再	生
두번 **재**	날 **생**
一丌丌再	丿 ㇒ 牛生

기술

재생 : 버리게 된 물건을 다시 살려서 쓰게 만듦.

合	金
합할 **합**	쇠 **금**
人亼合合	丿人全金

과학

합금 : 두 가지 이상의 금속을 물리적으로 혼합하여 만든 금속.

四	物
넉 **사**	만물 **물**
丨冂四四	一牛牞物

음악

사물 : 농촌에서 공동으로 쓰이는 네 가지 악기. 즉, 꽹과리 · 징 · 북 · 장구의 총칭.

校	門
학교 **교**	문 **문**
十木杧校	冂冂門門

국어

교문 : 학교에 드나드는 큰 문.

表	土
겉 **표**	흙 **토**
二丰丰表	一十土

과학

표토 : 지표의 맨 위에 쌓인 흙.

交	流
사귈 **교**	흐를 **류**
亠六夳交	氵沪浐流

국어

교류 : 문화나 사상 따위가 서로 오가며 섞임.

交	涉
사귈 **교**	건널 **섭**
亠六夳交	氵沪涉涉

사회

교섭 : 어떤 일을 이루기 위하여 서로 의논함.

生	母
날 **생**	어미 **모**
ノ ト ᅡ 生	乚 𠃌 毋 母

생모 : 자기를 낳은 어머니.

決	定
결단할 **결**	정할 **정**
ㆍ 氵 汩 決	ㆍ 宀 宇 定

국어

결정 : 결단하여 정함.

生	活
날 **생**	살 **활**
ノ ト ᅡ 生	氵 汗 汗 活

국어

생활 : 살아서 활동함.

來	日
올 **래**	날 **일**
十 才 來 來	丨 冂 月 日

국어

내일 : 오늘의 바로 다음날.

方	式
모 **방**	법 **식**
ㆍ 一 方 方	一 三 式 式

국어

방식 : 일정한 형식이나 또는 절차.

人	格
사람 **인**	격식 **격**
ノ 人	十 木 朾 格

국어

인격 : 사람이 사람으로서의 가치를 갖는 데에 필요한 정신적 자격. 사람의 품격.

失	手
잃을 **실**	손 **수**
㇐ 乞 失 失	一 二 三 手

국어

실수 : 부주의로 잘못을 저지름.

白	夜
흰 **백**	밤 **야**
ノ 冖 白 白	亠 宀 亦 夜

사회

백야 : 밤에 어두워지지 않는 현상.

堂	山	文	字	侍	中	登	用
집 **당**	뫼 **산**	글월 **문**	글자 **자**	모실 **시**	가운 **중**	오를 **등**	쓸 **용**
⺌⺌⺌堂堂	｜山山	、一ナ文	、宀宁字	亻亻⺅侍侍	｜口口中	⺈癶登登	｜冂月用

당산 : 토지나 부락의 수호신이 있다는 산이나 언덕.

문자 : 말이나 소리를 눈으로 볼 수 있도록 적어 나타낸 기호.

시중 : 고려 때, 국정을 총괄하던 대신.

등용 : 사람을 뽑아 씀.

不	在	凶	年	當	付	自	立
아닐 **부**	있을 **재**	흉할 **흉**	해 **년**	마땅할 **당**	줄 **부**	스스로 **자**	설 **립**
一フィ不	一ナ右在	ノㄨ凶凶	ノ⺗듬年	⺌⺌當當	ノイ亻付	´亻自自	、二立立

부재 : 그곳에 있지 않음.

흉년 : 농작물이 잘 되지 않은 해.

당부 : 말로써 어찌하라고 단단히 부탁함. 또는 그 부탁.

자립 : 자기의 힘으로 해 나감.

木	花	材	料	音	色	港	口
나무 **목**	꽃 **화**	재목 **재**	헤아릴 **료**	소리 **음**	빛 **색**	항구 **항**	입 **구**
一十才木	艹艹艾花	十木村材	二半米料	二立音音	ク夕名色	氵泮洪港	丨口口

목화 : 아욱과의 한해살이 풀. 씨에 붙은 하얀 솜은 실이나 옷감의 원료로 쓰임.

기술

재료 : 물건을 만드는 데 드는 원료.

음악

음색 : 발음체가 소리를 낼 때, 사람에 따라 달리 들리는 소리의 특성.

사회

항구 : 바다에 배가 드나들 수 있도록 시설해 놓은 곳.

本	文	逃	亡	抽	出	古	宅
근본 **본**	글월 **문**	달아날 **도**	망할 **망**	뺄 **추**	날 **출**	옛 **고**	집 **택**
一十木本	丶亠ナ文	丿丬兆逃	丶亠亡	一扌扣抽	丨屮出出	一十十古	丶宀宁宅

국어

본문 : 글의 본 줄거리가 되는 글.

가정

도망 : 몰래 피하여 달아남. 쫓겨서 달아남.

과학

추출 : 많은 것 중에서 빼냄.

국어

고택 : 지은 지 오래 된 집.

空	中	不	治	充	血	十	常
빌 **공**	가운데 **중**	아니 **불**	다스릴 **치**	찰 **충**	피 **혈**	열 **십**	항상 **상**
丶宀宎空	丨口口中	一ブ不不	丶氵汃治	丶亠云充	丿丿夕血	一十	𭕄𫩙𫩑常常

국어
공중 : 하늘과 땅 사이의 빈 곳.

국어
불치 : 병이 잘 낫지 아니하여 고칠 수 없음.

국어
충혈 : 어느 국부 조직의 혈관 속을 흐르는 혈액의 양이 많아진 상태.

국어
십상 : 거의 예외 없이 그러할 것이라는 추측을 나타내는 말.

包	含	埋	沒	屈	伏	落	下
쌀 **포**	머금을 **함**	묻을 **매**	잠길 **몰**	굽을 **굴**	엎드릴 **복**	떨어질 **락**	아래 **하**
丿勹勹包	丿人今含	土圸坬埋	氵沪汐沒	ᄀ尸屈屈	亻亻伏伏	𭕄艻茨落	一丁下

수학
포함 : 속에 싸여 있음. 또는 함께 넣음.

사회
매몰 : 파묻음. 또는 파묻힘.

국어
굴복 : 머리를 숙이고 꿇어 엎드림.

과학
낙하 : 높은 데서 떨어짐.

段	丘	配	分	出	品	消	化
구분 **단**	언덕 **구**	나눌 **배**	나눌 **분**	날 **출**	물건 **품**	사라질 **소**	될 **화**
｢ｨｪｪ段	＇ｨｨｪ丘	冂両酉配	ﾉ八今分	｜屮出出	ﾄ口吕品	氵氵消消	ﾉｲｲ化

과학

단구 : 각진 부분이 언덕처럼 솟은 계단 모양의 지형.

사회

배분 : 각자의 몫으로 나누는 것.

국어

출품 : 전람회·전시회 같은 곳에 물건·작품을 내놓음.

과학

소화 : 먹은 음식을 삭임. 곧, 섭취한 음식을 분해하여 영양분을 흡수하기 쉬운 상태로 변화시키는 일.

用	役	方	言	宗	法	開	川
쓸 **용**	부릴 **역**	모 **방**	말씀 **언**	마루 **종**	법 **법**	열 **개**	내 **천**
ﾉﾉ月用	＇ｲｪ役	＇二方方	＇二言言	＇宀宇宗	氵汁法法	｢門門開	ﾉﾉ川

사회

용역 : 형태가 있는 모습을 가지고 있지 않고 생산과 소비에 필요한 노동력을 제공하는 인간의 행위.

국어

방언 : 한 나라의 언어 중에서 지역에 따라 표준어와 서로 다른 언어 체계를 가진 말. 사투리.

사회

종법 : 같은 씨족끼리 본가와 분가의 관계를 정한 약속.

국어

개천 : 개골창 물이 흘러가도록 길게 판 내.

高	原	皮	革	尺	度	工	程
높을 고	근원 원	가죽 피	가죽 혁	자 척	법도 도	장인 공	단위 정
亠亠高高	厂尺厒原	丿厂广皮	一艹苩革	フコ尸尺	亠广庐度	一丁工	二禾和程

사회

고원 : 고도가 높지만 꼭대기 부분이 뾰족하지 않고 평평한 곳.

사회

피혁 : 날가죽과 무두질한 가죽의 총칭.

기술

척도 : 자로 재는 길이의 표준.

기술

공정 : 작업이 진척되는 정도.

木	枕	交	流	鬼	才	合	唱
나무 목	베개 침	사귈 교	흐를 류	귀신 귀	재주 재	합할 합	노래 창
一十才木	十才朾枕	亠六亣交	氵汸浐流	宀白鬼鬼	一十才	人合合合	口呵唱唱

국어

목침 : 나무토막으로 만든 베개.

과학

교류 : 크기와 방향이 시간에 따라 주기적으로 바뀌어 흐르는 전류.

국어

귀재 : 세상에 드문 재능. 또는 그러한 재능을 가진 사람.

음악

합창 : 여러 사람이 노래를 부르는 것.

甘	受	排	外	密	林	兵	法
달 **감**	받을 **수**	밀칠 **배**	밖 **외**	빽빽할 **밀**	수풀 **림**	군사 **병**	법 **법**
一十廿甘	一爫罒受	扌扌抈排	丿夕列外	宀宀宓密	十木村林	一斤丘兵	氵汁法

국어

감수 : 질책 · 고통 · 모욕 따위를 군말 없이 달게 받음.

사회

배외 : 외국의 문물 · 사상 등을 배척하는 것.

사회

밀림 : 큰 나무들이 빽빽하게 들어선 깊은 숲.

국어

병법 : 군사를 부려서 전쟁을 수행하는 방법과 군사에 관한 모든 법칙.

性	格	淨	化	流	失	風	化
성품 **성**	격식 **격**	깨끗할 **정**	될 **화**	흐를 **류**	잃을 **실**	바람 **풍**	될 **화**
忄忄忄性	十木杦格	氵汀淨淨	丿亻亻化	氵汒洅流	一二失失	丿几風風	丿亻亻化

국어

성격 : 사람마다 다르게 가진 특별한 성질.

사회

정화 : 불순하거나 더러운 것을 깨끗하게 함.

과학

유실 : 물에 떠내려가 없어짐.

사회

풍화 : 암석이 돌 · 바람 등에 의해 부서지거나 약해지는 현상으로 이로 인해 토양이 형성됨.

♣ 한자의 뜻과 음을 읽으며 쓰세요.

生	存	吹	打	洪	水	仙	女
날 **생**	있을 **존**	불 **취**	칠 **타**	큰물 **홍**	물 **수**	신선 **선**	계집 **녀**
丿 𠂉 牛 生	一 𠂇 存 存	丨 口 吹 吹	一 扌 扌 打	氵 氵 洪 洪	亅 才 水 水	丿 亻 仙 仙	𡿨 女 女

국어
생존 : 생명을 유지하고 있음.

음악
취타 : 관악기를 불고 타악기를 침.

사회
홍수 : 장마가 져서 크게 불어난 물.

국어
선녀 : 선경(仙境)에 산다고 하는 여자.

近	視	父	母	官	舍	公	表
가까울 **근**	볼 **시**	아비 **부**	어미 **모**	벼슬 **관**	집 **사**	공변될 **공**	겉 **표**
厂 斤 沂 近	丅 礻 視 視	丿 八 父 父	乚 𠃑 母 母	丶 宀 宀 官	人 今 全 舍	丿 八 公 公	二 丰 表 表

과학
근시 : 가까운 곳은 잘 볼 수 있고, 먼 곳은 잘 보이지 않음.

국어
부모 : 아버지와 어머니.

국어
관사 : 관리가 살도록 관청에서 지은 집.

국어
공표 : 세상에 널리 알림.

半	島	南	下	百	方	太	陽
반 반	섬 도	남녘 남	아래 하	일백 백	모 방	클 태	볕 양
´ ´´ ´´ 半	´ 戶 鳥 島	´ 内 南 南	一 丁 下	一 丆 万 百	` 亠 方 方	一 ナ 大 太	阝 阝 阴 陽

사회
반도 : 세 면이 바다에 싸이고 한 면은 육지에 이어진 땅.

국어
남하 : 남쪽으로 내려 감.

국어
백방 : 여러 가지 방법.

과학
태양 : 하늘에 떠 있는 해를 다르게 부르는 이름.

勞	力	引	用	私	兵	臣	下
일할 로	힘 력	당길 인	쓸 용	사사 사	군사 병	신하 신	아래 하
* 炏 火火 勞	フ 力	ˊ ˊ 弓 引	丿 刀 月 用	ˊ 禾 私 私	´ 丘 丘 兵	一 五 五 臣	一 丁 下

국어
노력 : 힘들여 일함.

국어
인용 : 남의 말이나 글 가운데서 필요한 부분을 끌어다 씀.

사회
사병 : 개인이 사사로이 길러 부리는 병사.

국어
신하 : 임금을 섬기어 벼슬을 하는 사람.

流	布
흐를 유	베 포
氵氵氵流	一ナ右布

사회

유포 : 세상에 널리 퍼짐. 또는 세상에 널리 퍼뜨림.

武	力
굳셀 무	힘 력
一干正武	フカ

국어

무력 : 군사상의 힘. 또는 육체를 사용한 힘.

自	給
스스로 자	줄 급
'イ 自	幺 糸 紿 給

사회

자급 : 필요한 것을 자기 힘으로 마련해서 씀.

折	半
꺾을 절	반 반
扌扌折折	' '' 느半

국어

절반 : 하나를 둘로 똑같이 나눔. 또는 그 반.

冷	却
찰 냉	물리칠 각
冫 冫 冷 冷	土去却却

과학

냉각 : 식혀서 차게 함.

水	面
물 수	얼굴 면
亅 刀 水 水	一 丆 而 面

국어

수면 : 물의 겉쪽. 물 위의 면.

文	明
글월 문	밝을 명
' 亠 ナ 文	冂 日 明 明

국어

문명 : 사람의 지혜가 깨서 자연을 정복하여 사회가 정신적 · 물질적으로 진화된 상태.

平	野
평평할 평	들 야
一 厂 二 平	日 里 野 野

사회

평야 : 넓게 펼쳐진 들.

採	光	回	路	志	士	充	分
캘 **채**	빛 **광**	돌 **회**	길 **로**	뜻 **지**	선비 **사**	찰 **충**	나눌 **분**
扌 扩 抨 採	丿 丷 屵 光	冂 冂 同 回	口 𧾷 path 路	一 士 志 志	一 十 士	丶 一 云 充	丿 八 分 分

기술
채광 : 햇빛 등을 받아들여 실내를 밝게 함.

기술
회로 : 도체의 한 점에서 시작하여 다시 출발점에 돌아오는 전류의 통로.

국어
지사 : 고매한 뜻을 품은 사람. 국가 · 사회를 위해 몸을 바치려는 사람.

국어
충분 : 분량이 넉넉하여 모자람이 없음.

求	乞	同	生	砂	丘	外	地
구할 **구**	빌 **걸**	한가지 **동**	날 **생**	모래 **사**	언덕 **구**	밖 **외**	땅 **지**
十 扌 求 求	丿 𠂉 乞	冂 冂 冋 同	丿 𠂆 屵 生	丆 石 矿 砂	丿 𠂉 斤 丘	丿 夕 夘 外	一 圠 圠 地

국어
구걸 : 돈이나 양식 따위를 거저 얻으려는 행위.

국어
동생 : 자기보다 나이가 적은 형제. 아우나 손아랫누이.

과학
사구 : 바람에 날린 모래가 쌓여서 만들어진 언덕.

국어
외지 : 자기가 사는 밖의 땅.

河	口	上	疏	未	知	反	射
강이름 **하**	입 **구**	위 **상**	트일 **소**	아닐 **미**	알 **지**	되돌릴 **반**	쏠 **사**
氵汀沪河	丶口口	丨卜上	フ乁疋疏疏	一二キ未	仁乍矢知知	一厂厉反	亻自身射

국어
하구 : 강물이 바다로 흘러드는 어귀.

국어
상소 : 임금님께 글을 올림.

국어
미지 : 아직 모름. 아직 알려지지 않음.

과학
반사 : 빛이나 소리가 다른 물체의 표면에 부딪쳐 되돌아오는 현상.

下	直	花	心	重	力	元	素
아래 **하**	곧을 **직**	꽃 **화**	마음 **심**	무거울 **중**	힘 **력**	으뜸 **원**	흴 **소**
一丁下	十市直直	艹艼花花	丶心心心	一台亩重	フ力	一二テ元	三丰表素

국어
하직 : 먼 길을 떠날 때 웃어른에게 작별을 고함.

국어
화심 : 꽃의 중심. 곧 꽃의 한가운데 꽃술이 있는 부분.

과학
중력 : 지구 위의 물체가 지구로부터 받는 힘

수학
원소 : 집합을 이루는 낱낱의 요소.

23

和	音	秋	材	西	山	冷	房
화할 **화**	소리 **음**	가을 **추**	재목 **재**	서녘 **서**	뫼 **산**	찰 **냉**	방 **방**
二 禾 和 和	亠 立 音 音	二 禾 禾 秋	十 才 村 材	一 冂 西 西	丨 山 山	冫 汄 沙 冷	㇗ 戶 戶 房

음악

화음 : 두 개 이상의 높이가 다른 음이 함께 어울리는 소리.

기술

추재 : 늦여름부터 늦가을까지 형성되는 목질 부분.

국어

서산 : 서쪽에 있는 산. 해가 지는 쪽의 산.

기술

냉방 : 방 안을 차게 하는 일.

甘	草	名	所	門	戶	基	本
달 **감**	풀 **초**	이름 **명**	장소 **소**	문 **문**	집 **호**	터 **기**	근본 **본**
一 十 廿 甘	艹 芇 苗 草	丿 夕 夕 名	㇈ 戶 所 所	冂 冃 門 門	丶 宀 彐 戶	艹 其 其 基	一 十 木 本

국어

감초 : 콩과의 여러해살이 약용식물.

국어

명소 : 자연의 경치나 고적 등으로 특히 이름난 곳.

국어

문호 : 출입구가 되는 중요한 곳.

국어

기본 : 사물의 가장 중요한 밑바탕.

放牧 改宗 組立 苟且

放	牧	改	宗	組	立	苟	且
놓을 **방**	칠 **목**	고칠 **개**	마루 **종**	짤 **조**	설 **립**	진실로 **구**	또 **차**
㇒方方放	㇒牛牜牧	㇐ㄱ㇙改	㇔宀宀宗	幺糸細組	㇔㇐亠立	㇐艹艻苟	㇑冂日且

사회

방목 : 가축을 우리에 가두지 않고 놓아서 기름.

사회

개종 : 믿던 종교를 그만두고 다른 종교를 믿음.

기술

조립 : 여러 부품을 하나의 구조물로 짜 맞춤.

국어

구차 : 군색스럽고 구구함.

身分 文法 充電 花粉

身	分	文	法	充	電	花	粉
몸 **신**	나눌 **분**	글월 **문**	법 **법**	찰 **충**	번개 **전**	꽃 **화**	가루 **분**
㇒冂自身	㇒八分分	㇔亠ナ文	㇔氵汢法	㇔亠云充	⻗雨雨電	㇐艹花花	㇔米粉粉

국어

신분 : 개인의 사회적 지위나 계급.

국어

문법 : 문장의 작법 및 구성법.

기술

충전 : 축전기나 축전지 따위에 전기를 축전함.

과학

화분 : 수술의 꽃 밥에서 만들어지는 생식 세포.

食	品	便	利	氣	化	初	入
밥 식	물건 품	편할 편	이로울 리	기운 기	될 화	처음 초	들 입
入今食食	丶口呂品	亻仃佢便	二千禾利	𠂉气氖氣	丿亻仃化	𠄌衤衤初	丿入

가정

식품 : 사람이 날마다 섭취하는 음식물.

기술

편리 : 편하고 쉬움.

과학

기화 : 액체가 기체로 되는 상태의 변화.

국어

초입 : 골목 등으로 들어가는 어귀.

民	畵	是	非	倂	合	安	住
백성 민	그림 화	옳을 시	아닐 비	아우를 병	합할 합	편안할 안	살 주
𠃌𠃌尸民	彐聿書畵	口旦旦是	丿彐刲非	亻仃佇倂	人𠆢合合	丶宀安安	丿亻仃住

미술

민화 : 민간 전설이나 민속 · 서민 생활을 소재로 하여 그린 그림.

국어

시비 : 옳으니 그르니 하는 말다툼.

국어

병합 : 둘 이상의 국가나 기관 등을 하나로 합치는 것.

국어

안주 : 자리를 잡아 편안하게 삶.

生	成	方	法
날 **생**	이룰 **성**	모 **방**	법 **법**
ノ ト 牛 生	厂 厂 成 成	丶 一 方 方	氵 氵 汗 法

국어

생성 : 사물이 생겨서 자라남.

同	意	負	荷
한가지 **동**	뜻 **의**	질 **부**	연 **하**
丨 冂 冂 同	亠 立 音 意	夕 夕 自 負	艹 艻 芍 荷

국어

방법 : 어떤 목적을 이루기 위하여 하는 수단.

국어

동의 : 같은 뜻이나 의견.

기술

부하 : 원동기에서 생기는 에너지를 소비하는 것.

食	口	冷	害
밥 **식**	입 **구**	찰 **랭**	해칠 **해**
人 今 食 食	丨 口 口	冫 冸 冷 冷	丶 宀 宝 害

국어

식구 : 한 집안에서 같이 살며 끼니를 함께 하는 사람

沮	止	床	石
막을 **저**	그칠 **지**	평상 **상**	돌 **석**
冫 氵 沮 沮	丨 ト 止 止	丶 广 庁 床	一 ア ズ 石

과학

냉해 : 농작물이 차가운 날씨에 의해 입는 피해.

국어

저지 : 막아서 그치게 함.

국어

상석 : 무덤 앞에 세운 상돌.

狀	況	音	波	牛	乳	死	色
형상 상	하물며 황	소리 음	물결 파	소 우	젖 유	죽을 사	빛 색
丬 爿 狀 狀	冫 冫 況 況	亠 立 音 音	冫 氵 氵 波	丿 一 二 牛	爫 孚 孚 乳	一 歹 歹 死	夕 夕 刍 色

상황 : 일이 되어 가는 형편이나 모양.

음파 : 물결처럼 퍼지는 소리.

우유 : 암소의 젖. 밀크.

사색 : 죽어 가는 얼굴빛. 죽은 사람과 같은 안색.

表	出	速	力	肯	定	老	母
겉 표	날 출	빠를 속	힘 력	즐길 긍	정할 정	늙을 로	어미 모
一 丰 耒 表	丨 屮 出 出	一 市 束 速	丁 力	丄 止 肯 肯	丶 宀 宁 定	一 土 耂 老	乚 口 母 母

표출 : 겉으로 나타냄.

속력 : 속도의 크기. 빠르기.

긍정 : 어떤 사실이나 생각 · 설 따위를 그러하다고 인정함.

노모 : 늙은 어머니.

巧	妙	行	星	創	作	砂	金
공교할 교	묘할 묘	다닐 행	별 성	비롯할 창	지을 작	모래 사	쇠 금
一 工 工 巧	ㄑ ㄑ 如 妙	ノ ㄔ 彳 行	口 日 旦 星	ㅅ 今 倉 創	ノ イ 仁 作	丁 石 矽 砂	ノ 入 仝 金

국어

교묘 : 솜씨나 재주가 약삭빠르고 묘함.

과학

행성 : 태양의 둘레를 도는 별들.

음악

창작 : 새로운 것을 처음으로 만듦.

과학

사금 : 물가나 물 밑의 모래 또는 자갈 속에 섞인 금 알갱이.

言	及	上	氣	海	拔	流	出
말씀 언	미칠 급	위 상	기운 기	바다 해	뺄 발	흐를 류	날 출
﹅ 亠 言 言	ノ ア 乃 及	l 卜 上	ノ 气 氕 氣	氵 汼 海 海	扌 扌 扙 拔	氵 泠 泠 流	l 屮 出 出

국어

언급 : 어떤 일에 대하여 말함.

국어

상기 : 부끄러움이나 흥분으로 얼굴이 붉어짐.

사회

해발 : 바다 표면으로부터의 육지나 산의 높이.

국어

유출 : 밖으로 흘러 나감.

母	音	行	軍	行	列	忘	却
어미 **모**	소리 **음**	다닐 **행**	군사 **군**	다닐 **행**	벌일 **렬**	잊을 **망**	물리칠 **각**
ㄴ�538 母母	ㅗㅗ音音	ㅓ彳彳行	冖冃冒軍	ㅓ彳彳行	一丆歹列	丶亡忘忘	ㅗ去却却

> 국어
> **모음** : 성대의 진동을 받은 소리가 입술·코·목구멍의 장애에 의한 마찰을 받지 않고 나오는 유성음.

> 국어
> **행군** : 군대·학생 등이 대열을 지어 걸어감.

> 국어
> **행렬** : 여럿이 줄을 지어 감. 또는 그 줄.

> 국어
> **망각** : 잊어버림.

形	式	汩	沒	首	肯	美	名
모양 **형**	법 **식**	빠질 **골**	잠길 **몰**	머리 **수**	즐길 **긍**	아름다울 **미**	이름 **명**
一二开形	一三式式	丶氵汩汩	氵沪沪沒	丷丷首首	丄止肯肯	丷丷美美	ノ夕夕名

> 국어
> **형식** : 사물이 겉으로 나타나 보이는 모양. 겉모습.

> 국어
> **골몰** : 다른 생각을 버리고 한 가지 일에만 온 정신을 쏟음.

> 국어
> **수긍** : 그러하다고 고개를 끄덕임.

> 국어
> **미명** : 그럴듯한 명목이나 명분. 훌륭하게 내세운 이름.

午	後	巨	創	內	幕	買	入
낮 **오**	뒤 **후**	클 **거**	비롯할 **창**	안 **내**	막 **막**	살 **매**	들 **입**
ノ ト 二 午	ノ イ 彳 後	一 厂 戸 巨	人 今 倉 創	丨 冂 内 内	艹 苩 莫 幕	罒 罒 冒 買	ノ 入

국어

오후 : 낮 12시부터 밤 12시 까지의 사이.

국어

거창 : 사물이 엄청나게 큼.

국어

내막 : 표면화 되지 아니한 일 의 내용.

국어

매입 : 물건 따위를 사들임.

冊	床	缺	乏	失	言	苗	木
책 **책**	평상 **상**	이지러질 **결**	가난할 **핍**	잃을 **실**	말씀 **언**	싹 **묘**	나무 **목**
丨 冂 皿 冊	丶 广 庁 床	亠 缶 缶 缺	ノ イ 乡 乏	ノ ㇌ 失 失	丶 亠 言 言	艹 艹 苗 苗	一 十 才 木

국어

책상 : 책을 읽거나 글씨를 쓸 때 받치고 쓰는 상.

가정

결핍 : 있어야 할 것이 없어지 거나 모자람.

국어

실언 : 실수로 잘못 말함. 또 는 그 말.

국어

묘목 : 옮겨심기 위해 가꾼 어 린 나무.

31

♣ 한자의 뜻과 음을 읽으며 쓰세요.

迫	害	尖	兵	苦	衷	表	現
닥칠 **박**	해칠 **해**	뾰족할 **첨**	군사 **병**	쓸 **고**	속마음 **충**	겉 **표**	나타날 **현**
白 白 ′白 迫	` 宀 宔 害	丨 小 尐 尖	⺁ ⺁ 丘 兵	十 艹 芏 苦	亠 亩 吏 衷	二 丰 耒 表	二 王 玥 現

사회

박해 : 못 견디게 굴어서 해롭게 함.

국어

첨병 : 맨 앞에서 경계 · 수색을 하는 임무를 맡은 병사나 소부대.

국어

고충 : 괴로운 심정이나 사정.

미술

표현 : 말 · 글 · 몸짓 등으로 마음속의 생각이나 느낌을 드러내어 나타냄.

煖	房	造	形	法	廷	接	合
따뜻할 **난**	방 **방**	지을 **조**	모양 **형**	법 **법**	조정 **정**	사귈 **접**	합할 **합**
火 炉 煖 煖	⺈ 户 戶 房	⺈ 牛 告 造	一 二 开 形	氵 汢 沽 法	二 壬 廷 廷	扌 扌 拉 接	人 亼 合 合

기술

난방 : 방을 따뜻하게 함.

미술

조형 : 형상 · 형태를 이루어 만듦.

국어

법정 : 법원이 소송 절차에 따라 송사를 심리하고 판결하는 곳.

과학

접합 : 유성 생식에서, 암수의 구별이 없는 동형의 생식 세포가 서로 달라붙는 현상.

可	望	民	衆	否	決	德	分
옳을 **가**	바랄 **망**	백성 **민**	무리 **중**	아닐 **부**	결단할 **결**	덕 **덕**	나눌 **분**
一丁口可	亠亡亣望	一ㄱㄹ民	血血衆衆	一不不否	冫氵江決	彳徖德德	丿八分分

가망 : 가능성 있는 희망.

민중 : 국가나 사회를 구성하고 있는 다수의 일반 국민.

부결 : 회의에 제출된 의안을 성립시키지 않기로 결정함.

덕분 : 고마운 일을 베풀어 준 보람.

喬	木	沈	降	退	治	目	的
높을 **교**	나무 **목**	잠길 **침**	내릴 **강**	물러날 **퇴**	다스릴 **치**	눈 **목**	과녁 **적**
夭乔喬喬	一十才木	氵氵沙沈	阝阝降降	ヨ艮狠退	冫氵治治	丨冂月目	亻自的的

교목 : 키가 크고 줄기가 굵은 나무.

침강 : 지각 일부가 아래쪽으로 움직이거나 꺼지는 현상.

퇴치 : 물리쳐서 아주 없애 버림.

목적 : 이루려고 하는 목표나 방향.

必	修	守	則	合	成	妙	味
반드시 **필**	닦을 **수**	지킬 **수**	법칙 **칙**	합할 **합**	이룰 **성**	묘할 **묘**	맛 **미**
丶丿必必	亻亻修修	丶宀宀守	冂目貝則	人𠆢合合	厂厂成成	女女如妙	口口吽味

필수 : 반드시 학습해야 함.

수칙 : 행동·절차에 관하여 지켜야 할 사항을 정한 규칙.

합성 : 두 가지 이상이 합하여 한 가지 상태를 이룸.

묘미 : 미묘한 정취. 뛰어난 맛.

所	行	田	畓	原	油	分	泌
장소 **소**	다닐 **행**	밭 **전**	논 **답**	근원 **원**	기름 **유**	나눌 **분**	샘 **비**
丿尸所所	丿彳彳行	丨冂用田	丿水畓畓	厂厂盾原	氵氵汩油	丿八分分	氵氵泌泌

소행 : 이미 행한 짓.

전답 : 논과 밭.

원유 : 유정에서 뽑아 올린 검푸른 색의 걸쭉한 액체.

분비 : 샘세포의 작용에 의해 특수한 액즙(液汁)을 만들어 배출함. 또는 그런 기능.

閃	光	文	章	依	存	竹	筍
번쩍할 **섬**	빛 **광**	글월 **문**	글 **장**	의지할 **의**	있을 **존**	대 **죽**	죽순 **순**
ﾉ ﾉ 門 閃	ﾉ ﾉ 少 光	ﾉ ﾑ ﾅ 文	ﾑ 立 音 章	ﾉ 仁 仾 依	一 才 存 存	ﾉ ﾉ 竹 竹	ﾉ 竹 竹 筍

국어

섬광 : 번쩍이는 빛.

국어

문장 : 어떤 생각이나 느낌을 줄거리로 세워 글로 나타낸 것.

국어

의존 : 도움을 받으며 의지함.

국어

죽순 : 대의 땅속줄기에서 돋아나는 어리고 연한 싹.

老	松	矛	盾	曲	折	活	力
늙을 **로**	소나무 **송**	창 **모**	방패 **순**	굽을 **곡**	꺾을 **절**	살 **활**	힘 **력**
一 土 少 老	十 木 朴 松	ﾓ ﾌ 予 矛	厂 严 所 盾	ﾉ 口 曰 曲	十 扌 扩 折	ﾑ 氵 汗 活	ﾏ 力

국어

노송 : 늙은 소나무.

국어

모순 : 말이나 행동의 앞뒤가 서로 맞지 않음.

국어

곡절 : 여러 가지 복잡한 사정이나 까닭.

국어

활력 : 살아 움직이는 힘.

♣ 한자의 뜻과 음을 읽으며 쓰세요.

反	問	咯	血	波	面	明	朗
되돌릴 **반**	물을 **문**	토할 **각**	피 **혈**	물결 **파**	얼굴 **면**	밝을 **명**	밝을 **랑**
一厂万反	冂冖門問	口叮咯咯	丿亻白血	氵氵沪波	一丆而面	刂日明明	∃艮朗朗

국어
반문 : 물음에 대답하지 않고 되받아서 물음.

국어
각혈 : 피를 토함.

과학
파면 : 파동에서 매질의 위치가 같은 점들을 이어서 만든 선 또는 면.

국어
명랑 : 마음에 걱정이 없이 맑고 밝음.

兩	分	平	均	夏	至	名	詞
두 **양**	나눌 **분**	평평할 **평**	고를 **균**	여름 **하**	이를 **지**	이름 **명**	말씀 **사**
一丙而兩	丿八分分	一二二平	一坿均均	一丆百夏	一丆至至	丿夕夕名	一言訂詞

국어
양분 : 둘로 나누거나 가름.

국어
평균 : 적고 많은 것이 없이 고름, 또는 그렇게 함.

과학
하지 : 낮이 가장 길고 밤이 가장 짧은 날.

국어
명사 : 사물의 이름을 나타내는 품사.

♣ 한자의 뜻과 음을 읽으며 쓰세요.

氣	分	拙	作	眼	目	所	見
기운 **기**	나눌 **분**	졸할 **졸**	지을 **작**	눈 **안**	눈 **목**	장소 **소**	볼 **견**
′ 气气氣	′ 八分分	扌 扌 抐拙	′ 亻 仵作	丨 目 朖眼	丨 冂 月目	′ 尸 所所	丨 冂 目見

국어

기분 : 저절로 느껴지는 마음의 움직임.

국어

졸작 : 자기 작품을 겸손하게 이르는 말.

국어

안목 : 사물을 보고 분별하는 견식.

국어

소견 : 어떤 대상이나 현상을 보고 살피어 인식하는 생각이나 의견.

計	巧	密	集	拾	得	外	信
셈할 **계**	공교할 **교**	빽빽할 **밀**	모일 **집**	주울 **습**	얻을 **득**	밖 **외**	믿을 **신**
′ 訁訁計	′ 工工巧	宀宀宓密	亻 亻隹集	扌 扌扐拾	′ 彳得得	′ 夕列外	亻 仵信信

국어

계교 : 요리조리 생각해 낸 꾀.

국어

밀집 : 빈틈없이 빽빽이 모임.

국어

습득 : 주워서 얻음.

국어

외신 : 외국에서 들어온 통신(通信).

固	定	貧	困	出	處	沐	浴
굳을 고	정할 정	가난할 빈	괴로울 곤	날 출	살 처	목욕할 목	목욕할 욕
冂冃固固	丶宀宁定	八分貧貧	冂用困困	丨屮出出	亠广虍處	氵汁沐	氵汁浴浴

국어

고정 : 일정한 곳이나 상태에서 움직이지 않음. 한 곳에 박혀있음.

국어

빈곤 : 가난해서 살림이 군색함.

국어

출처 : 사물 인용문 또는 소문 등이 생기거나 나온 근거.

국어

목욕 : 머리를 감으며 몸을 씻는 일.

統	一	天	池	風	采	享	年
거느릴 통	한 일	하늘 천	못 지	바람 풍	캘 채	누릴 향	해 년
纟糸統統	一	一二千天	氵汀池池	丿几凬風	爫𥝅𥝅采	亠言享享	丿𠂉上年

국어

통일 : 한데 뭉치어 하나가 됨.

국어

천지 : 백두산 정상에 있는 큰 못.

국어

풍채 : 빛나서 나타나 보이는 사람의 겉모양.

국어

향년 : 한평생을 살아 누린 나이. 곧, 죽은 이의 나이.

水	晶	亭	子	肋	骨	創	出
물 **수**	밝을 **정**	정자 **정**	아들 **자**	갈빗대 **륵**	뼈 **골**	미룻할 **창**	날 **출**
亅亅水水	口日昌晶	亠古亭亭	乛了子	月月肋肋	口罒骨骨	𠂉夕倉創	丨中出出

국어
수정 : 석영의 한 가지.

국어
정자 : 산수가 좋은 곳에 놀거나 쉬기 위해 지은 작은 집.

과학
늑골 : 갈빗대. 가슴을 둘러싸고 폐와 심장을 보호하는 뼈.

국어
창출 : 처음으로 생각하여 만들어 내거나 지어 냄.

同	志	奔	走	思	考	人	情
한가지 **동**	뜻 **지**	달릴 **분**	달릴 **주**	생각할 **사**	생각할 **고**	사람 **인**	뜻 **정**
丨冂冂同	一士志志	大本本奔	十土丰走	口田思思	一土耂考	丿人	丶忄情情

국어
동지 : 뜻을 서로 같이하는 일, 또는 그런 사람.

국어
분주 : 몹시 바쁘게 뛰어다님.

국어
사고 : 생각하고 궁리함.

국어
인정 : 사람이 본래부터 가지고 있는 마음씨.

奸	邪	信	任	吟	味	校	服
범할 **간**	간사할 **사**	믿을 **신**	맡길 **임**	읊을 **음**	맛 **미**	학교 **교**	옷 **복**
く女奸奸	ㄷ牙邪邪	イ俨信信	ノイ仁任	口叽吟	ㅁ叮咔味	十木栌校	刀月肌服

국어
간사 : 성품이 간교하고 행실이 바르지 못함.

국어
신임 : 믿고 일을 맡김.

국어
음미 : 사물의 내용이나 속뜻을 깊이 새기어 맛봄.

국어
교복 : 학교에서 정한 규칙에 따라 학생들이 입는 옷.

友	情	同	盟	退	步	波	長
벗 **우**	뜻 **정**	한가지 **동**	맹세 **맹**	물러날 **퇴**	걸음 **보**	물결 **파**	길 **장**
一ナ方友	ㆍ忄情情	丨冂冋同	日明明盟	ㅋ艮退退	卜止步步	ㆍ氵沪波	ㄷ乛長長

국어
우정 : 친구 사이에 오가는 정.

국어
동맹 : 어떤 목적을 이루기 위해 상호 동일한 행동을 취할 것을 맹세하여 맺는 약속이나 조직체.

국어
퇴보 : 정도나 수준이 이제까지의 상태보다 뒤떨어지거나 못하게 됨.

국어
파장 : 파동의 마루와 다음 마루까지의, 또는 골과 다음 골까지의 거리.

♣ 한자의 뜻과 음을 읽으며 쓰세요.

文	段	小	說	自	信	牧	場
글월 **문**	구분 **단**	작을 **소**	말씀 **설**	스스로 **자**	믿을 **신**	칠 **목**	마당 **장**
丶 亠 ナ 文	丨 ⺕ 𣪘 段	亅 小 小	亠 言 訃 說	丿 亻 白 自	亻 亻 信 信	⺧ 牛 牜 牧	土 坦 場 場

국어

문단 : 문장의 단락.

국어

소설 : 상상력과 사실의 통일적 표현으로써 인생과 미를 산문체로 나타낸 예술.

국어

자신 : 자기의 능력이나 가치 또는 어떤 일의 보람에 대하여 자기 스스로 믿음.

국어

목장 : 소나 말, 또는 양 따위의 가축을 많이 놓아기르는 산이나 들판 같은 곳.

木	碑	反	映	必	要	夕	陽
나무 **목**	비석 **비**	되돌릴 **반**	비출 **영**	반드시 **필**	구할 **요**	저녁 **석**	볕 **양**
一 十 才 木	丆 石 砷 碑	一 厂 万 反	冂 日 旧 映	丶 ソ 必 必	一 西 要 要	丿 ク 夕	阝 阝 陽 陽

국어

목비 : 나무에 새기거나 파서 글을 써 만든 비.

국어

반영 : 다른 일에 영향을 미쳐 어떤 현상이나 작용이 나타남.

국어

필요 : 꼭 소용이 됨. 없어서는 아니 됨.

국어

석양 : 저녁때의 해.

料	理	色	紙	回	復	内	紛
헤아릴 **료**	다스릴 **리**	빛 **색**	종이 **지**	돌 **회**	돌아올 **복**	안 **내**	어지러울 **분**
一 半 米 料	二 王 理理	ク タ 色色	幺 糸 紅紙	冂 回 回回	彳 徉 徨復	丨 冂 内内	幺 糸 紛紛

국어

요리 : 입에 맞도록, 식품의 맛을 돋우어 조리함.

미술

색지 : 물을 들인 종이.

국어

회복 : 이전 상태와 같이 돌이키는 것.

국어

내분 : 단체 따위의 내부에서 일어나는 분쟁.

染	色	施	主	水	深	事	典
물들일 **염**	빛 **색**	베풀 **시**	주인 **주**	물 **수**	깊을 **심**	일 **사**	법 **전**
氵 氿 染染	ク タ 色色	二 方 方施	丶 亠 二主	亅 기 水水	氵 汀 洰深	一 口 彐事	冂 册 曲典

국어

염색 : 염료로 섬유 등을 물들이는 일.

국어

시주 : 승려나 절에 물건을 베풀어 주는 사람, 또는 그 일.

국어

수심 : 물의 깊이.

국어

사전 : 여러 가지 사항을 모아 그 하나하나에 긴 해설을 붙인 책.

成	長	矜	持	日	常	眉	間
이룰 **성**	길 **장**	자랑할 **긍**	가질 **지**	날 **일**	항상 **상**	눈썹 **미**	사이 **간**
厂 厅 成 成	「 匚 토 長	尹 矛 矜 矜	扌 扌 扩 持	丨 冂 刀 日	씬 쓰 常 常	尹 尸 斤 眉	丨 尸 門 間

국어
성장 : 자라서 점점 커짐, 또는 성숙해짐.

국어
긍지 : 자신이 있어서 스스로 가지는 자랑하는 마음.

국어
일상 : 매일매일. 날마다.

국어
미간 : 두 눈썹 사이.

狼	狽	意	見	失	業	危	急
이리 **랑**	이리 **패**	뜻 **의**	볼 **견**	잃을 **실**	업 **업**	위태할 **위**	급할 **급**
犭 犭 狼 狼	犭 犯 狽 狽	亠 产 音 意	丨 冂 目 見	乀 느 失 失	业 坐 쌸 業	夕 产 岁 危	夕 刍 急 急

국어
낭패 : 일이 실패로 돌아가 매우 딱하게 됨.

국어
의견 : 어떤 일에 대하여 마음속에 지니고 있는 생각.

사회
실업 : 일하고자 하는 의욕이 있음에도 불구하고 일자리를 가지지 못한 상태.

국어
위급 : 위태롭고 급함. 위험이 곧 닥쳐올 것 같음.

使	用	具	現	宿	命	約	束
부릴 **사**	쓸 **용**	갖출 **구**	나타날 **현**	묵을 **숙**	목숨 **명**	묶을 **약**	묶을 **속**
亻仁仨使	丿冂月用	冂月且具	二王玥現	宀宀宿宿	人스合命	幺糹約約	一口束束

국어
사용 : 물건을 씀.

국어
구현 : 어떤 사실을 뚜렷한 모양으로 또는 구체적인 모양으로 나타냄.

국어
숙명 : 날 때부터 타고난 운명.

국어
약속 : 앞으로 할 일에 대하여 상대편과 서로 다짐하여 정함.

妙	策	天	國	欣	快	主	管
묘할 **묘**	꾀 **책**	하늘 **천**	나라 **국**	기뻐할 **흔**	쾌할 **쾌**	주인 **주**	대롱 **관**
女女如妙	竹竺笃策	一二チ天	冂冂圀國	厂斤欣欣	忄忄怏快	丶二主主	竹竺笃管

국어
묘책 : 매우 교묘한 꾀.

국어
천국 : 천상에 있다는 이상적인 세계.

국어
흔쾌 : 마음이 기쁘고 상쾌함.

국어
주관 : 어떤 일을 책임지고 관리함.

退	却	生	時	消	風	失	望
물러날 **퇴**	물리칠 **각**	날 **생**	때 **시**	사라질 **소**	바람 **풍**	잃을 **실**	바랄 **망**
⁷ 艮 退 退	土 去 却 却	ノ 시 牛 生	川 日 晖 時	氵 氵 消 消	ノ 几 凮 風	ⁿ 一 牛 失	一 亡 朢 望

국어
퇴각 : 뒤로 물러남.

국어
생시 : 자지 아니하고 깨어 있는 상태.

국어
소풍 : 운동이나 자연의 관찰을 겸하여 먼 길을 걸음.

국어
실망 : 희망을 잃어버림.

項	目	自	我	食	率	理	由
조목 **항**	눈 **목**	스스로 **자**	나 **아**	밥 **식**	거느릴 **솔**	다스릴 **리**	말미암을 **유**
工 珀 項 項	丨 冂 月 目	ノ ィ 自 自	⁻ 手 我 我	人 今 食 食	二 玄 玆 率	⁻ 王 理 理	丨 冂 由 由

국어
항목 : 사물을 세분하여 한 개씩 벌인 일의 가닥.

국어
자아 : 자기 자신에 관한 각 개인의 의식 또는 관념.

국어
식솔 : 집안에 딸린 식구.

국어
이유 : 결과를 이룬 까닭이나 근거.

文	脈	身	世	肉	食	心	身
글월 **문**	맥 **맥**	몸 **신**	인간 **세**	고기 **육**	밥 **식**	마음 **심**	몸 **신**
丶亠ナ文	月月肑脈	丿冂自身	一卄卅世	丨冂内肉	人今舍食食	丶心心心	丿冂自身

국어
문맥 : 문장의 서로 연관성 있는 전후 관계. 글의 맥락(脈絡).

국어
신세 : 남에게 도움을 받거나 괴로움을 끼치는 일.

국어
육식 : 짐승의 고기를 먹음.

국어
심신 : 마음과 몸. 정신과 육체.

青	年	平	素	方	案	分	數
푸를 **청**	해 **년**	평평할 **평**	흴 **소**	모 **방**	책상 **안**	나눌 **분**	셈할 **수**
二丰青青	丿丨乞年	一丆匸平	二丰素素	丶一亓方	宀安宰案	丿八分分	甼婁婁數

국어
청년 : 젊은 사람. 특히 남자를 말함.

국어
평소 : 보통 때.

국어
방안 : 일을 처리할 방법이나 계획.

국어
분수 : 제 몸에 알맞은 한도.

♣ 한자의 뜻과 음을 읽으며 쓰세요.

習	性	形	成	比	較	中	毒
익힐 **습**	성품 **성**	모양 **형**	이룰 **성**	견줄 **비**	비교할 **교**	가운데 **중**	독 **독**
ㄱ ㅋ 羽 習	丶 忄 忤 性	一 二 开 形	厂 万 成 成	一 ト 比 比	百 車 軒 較	丶 口 口 中	一 丰 毒 毒

국어

습성 : 버릇이 되어 버린 성질.

국어

형성 : 어떤 모양을 이룸.

국어

비교 : 둘 이상의 것을 서로 견주어 봄.

국어

중독 : 어떤 사상이나 사물에 젖어 버려 정상적으로 실물을 판단할 수 없는 상태.

凶	計	要	旨	普	及	金	庫
흉할 **흉**	셈할 **계**	구할 **요**	맛있을 **지**	넓을 **보**	미칠 **급**	쇠 **금**	창고 **고**
ノ メ 凶 凶	亠 言 言 計	一 襾 要 要	一 匕 旨 旨	丷 并 並 普	ノ 乃 乃 及	ノ 人 今 金	亠 广 庐 庫

국어

흉계 : 음흉한 꾀. 악독한 계략.

국어

요지 : 글 등의 줄거리가 되는 중요한 뜻.

국어

보급 : 널리 펴서 알리거나 사용하게 함.

국어

금고 : 화제 · 도난 등을 방지하고자 돈과 중요 서류를 보관하는 데 쓰는 궤.

♣ 한자의 뜻과 음을 읽으며 쓰세요.

史	實	切	迫	挽	留	位	相
역사 **사**	열매 **실**	끊을 **절**	닥칠 **박**	당길 **만**	머무를 **류**	자리 **위**	서로 **상**
ㅁㅁ史史	宀宀寍實實	一七切切	白白迫迫	扌扩挣挽	冖卬留留	ノイ仁位	十木相相

사실 : 역사상 실제로 있었던 일.

절박 : 일이나 사정이 다급하여 여유가 없음.

만류 : 권하여 말림. 붙잡아 말림.

위상 : 어떤 사물이나 다른 사물과의 관계 속에서 가지는 위치나 상태.

沈	黙	順	序	逆	流	當	面
잠길 **침**	잠잠할 **묵**	순할 **순**	차례 **서**	거스를 **역**	흐를 **류**	마땅할 **당**	얼굴 **면**
氵汋沈沈	口里黑黙	川巛順順	广广庁序	屵屵逆逆	氵沪浐流	屵屵当當	一丆面面

침묵 : 아무 말 없이 가만히 있음.

순서 : 정해 놓은 차례.

역류 : 흐름을 거슬러 올라감.

당면 : 일이 바로 눈앞에 닥침.

48

核	心	規	則	理	想	物	件
씨 **핵**	마음 **심**	법 **규**	법칙 **칙**	다스릴 **리**	생각할 **상**	만물 **물**	사건 **건**
十 𣏢 栐 核	ﾉ 心 心 心	二 夫 珇 規	冂 目 貝 則	二 王 理 理	十 木 相 想	ﾉ 牛 牣 物	ﾉ 亻 仁 件

핵심 : 사물의 가장 중심이 되는 부분이나 요점.

규칙 : 여러 사람이 다 같이 지키기로 작정한 법칙.

이상 : 각자가 생각할 수 있는 범위 안에서 가장 좋다고 생각되는 상태.

물건 : 일정한 모양이 있는 모든 것.

未	熟	祠	堂	本	貫	災	殃
아닐 **미**	익을 **숙**	사당 **사**	집 **당**	근본 **본**	꿸 **관**	재앙 **재**	재앙 **앙**
一 二 キ 未	古 亨 孰 熟	二 示 祠 祠	少 当 当 堂	一 十 木 本	口 毌 冒 貫	〈 巛 巛 災	歹 夕 死 殃

미숙 : 일에 익숙하지 못함.

사당 : 죽은 사람의 신주를 모셔 놓은 집.

본관 : 한 집안의 시조가 난 땅.

재앙 : 자연계에 일어나는 불행한 변고.

私	服	欲	求	貧	弱	習	作
사사 **사**	옷 **복**	바랄 **욕**	구할 **구**	가난할 **빈**	약할 **약**	익힐 **습**	지을 **작**
二 禾 私 私	刀 月 服 服	⺈ 谷 谷 欲	十 才 求 求	八 分 省 貧	弓 弔 弱 弱	フ ヨ 羽 習	ノ イ 作 作

국어

사복 : 관복이나 제복이 아닌 보통 옷.

국어

욕구 : 바라고 구함.

국어

빈약 : 가난하고 약함.

국어

습작 : 예술가가 연습으로 만든 작품.

級	友	魚	缸	通	用	雨	傘
등급 **급**	벗 **우**	고기 **어**	항아리 **항**	통할 **통**	쓸 **용**	비 **우**	우산 **산**
幺 糸 紉 級	一 ナ 方 友	⺈ 多 魚 魚	⺈ 牟 缶 缸	⺈ 丙 甬 通	丿 刀 月 用	一 冂 雨 雨	入 众 金 傘

국어

급우 : 같은 학급의 친구.

국어

어항 : 관상용으로 물고기를 기르는 데 쓰는 유리로 만든 항아리.

국어

통용 : 일반에 두루 쓰임. 또는 두루 씀.

국어

우산 : 비를 맞지 않기 위해 손에 들고 머리 위에 받쳐 쓰는 우비의 한 가지.

信	念	雨	期
믿을 **신**	생각할 **념**	비 **우**	기약할 **기**
亻 亻 信信	人 今 念念	一 厂 而 雨	卄 其 期 期

국어

신념 : 굳게 믿는 마음.

국어

우기 : 일 년 중에서 비가 가장 많이 오는 시기.

希	望	納	得
바랄 **희**	바랄 **망**	들일 **납**	얻을 **득**
乂 产 希 希	亠 亡 胡 望	幺 糸 紛 納	彳 彳 得 得

국어

희망 : 기대하여 바람. 앞 일에 대한 소망.

국어

납득 : 사리를 이해함. 남의 말이나 행동이나 사정 따위를 잘 알아 이해함.

復	古	進	化
돌아올 **복**	옛 **고**	나아갈 **진**	될 **화**
彳 彳 復 復	一 十 十 古	亻 亻 隹 進	丿 亻 仆 化

국어

복고 : 과거의 제도 · 사상 · 정치 · 체재 따위로 돌아감.

국어

진화 : 일이나 사물이 점점 발달해 감.

忠	實	書	堂
충성 **충**	열매 **실**	글 **서**	집 **당**
口 中 忠 忠	宀 宓 審 實	一 크 書 書	业 兴 出 堂

국어

충실 : 충성스럽고 성실함.

국어

서당 : 어린이에게 한문을 가르치던 개인이 세운 마을의 글방.

黃	砂	錯	視	賃	金	寒	流
누를 **황**	모래 **사**	섞일 **착**	볼 **시**	품팔이 **임**	쇠 **금**	찰 **한**	흐를 **류**
艹 芐 芐 黃	丆 石 矿 砂	钅 釒 釯 錯	亍 礻 視 視	亻 任 賃 賃	𠆢 入 今 金	宀 寒 寒 寒	氵 汇 浐 流

사회
황사 : 노란 빛깔의 모래.

가정
착시 : 착각으로 인하여 무엇을 잘못 봄.

사회
임금 : 근로자가 노동의 대가로 받는 보수.

과학
한류 : 온도가 비교적 차가운 해류의 하나. 대개 극지의 해양에서 나와 대륙을 따라서 적도 쪽으로 흐름.

見	解	液	胞	史	料	配	列
볼 **견**	풀 **해**	진액 **액**	태보 **포**	역사 **사**	헤아릴 **료**	나눌 **배**	벌릴 **열**
丨 冂 目 見	𠂊 角 解 解	氵 浐 浐 液	刀 月 朐 胞	冖 口 史 史	丷 米 米 料	冖 西 酉 配	一 𠂆 歹 列

국어
견해 : 어떤 사물에 대한 가치 판단이나 사고 방식. 사물을 보는 방법이나 생각하는 방법.

과학
액포 : 완전히 생장한 식물 세포와 원형질 안에 있는 큰 공포(空胞).

사회
사료 : 역사 기술의 소재가 되는 문헌이나 유물 따위 재료.

과학
배열 : 일정한 차례나 간격으로 벌려 늘어놓음.

諮	問	多	濕
물을 자	물을 문	많을 다	축축할 습
ᅟ言 諮諮	門 門 問問	夕 多多	氵 沪 濕濕

사회
자문 : 일을 올바르게 처리하기 위해 전문가에게 의견을 물음.

과학
다습 : 공기 중에 수증기가 많이 포함된 상태.

稜	線	隸	屬
모서리 릉	줄 선	종 례	붙을 속
禾 秜稜	糸 絗線	圭 隶 隷隸	尸 屌屬屬

사회
능선 : 산등성이를 따라 죽 이어진 봉우리의 선.

사회
예속 : 딸려서 매임. 지배나 지휘를 받음.

羅	王	野	黨
그물 나	임금 왕	들 야	무리 당
罒 罖罖羅	一 二 千 王	日 里 野野	尙 尙黨黨

사회
나왕 : 가구용 또는 건축용으로 쓰이는 목재의 종류.

사회
야당 : 정당 정치에서 현재 정권을 잡고 있지 않은 정당.

家	具	隆	起
집 가	갖출 구	높을 륭	일어날 기
宀 宇家家	冂 目且具	阝 阼陔隆	土 耂走起

기술
가구 : 집안 살림에 쓰는 온갖 물건.

사회
융기 : 지각의 특정 부분이 주변보다 높게 올라오는 현상.

濕	度	力	學	黃	麻	質	量
젖을 **습**	법도 **도**	힘 **력**	배울 **학**	누를 **황**	삼 **마**	바탕 **질**	헤아릴 **량**
氵 氵 浔 濕 濕	亠 广 庐 度	フ 力	臼 臼 學 學	艹 芒 黃 黃	广 庁 麻 麻	斤 所 眉 質	口 旦 昌 量

과학
습도 : 공기의 습한 정도. 공기 중에 포함된 수증기의 양.

과학
역학 : 물체 사이에 작용하는 힘과 운동 사이의 관계를 연구하는 학문.

사회
황마 : 쌀, 모래 등을 담는 자루나 끈을 만드는 데 사용하는 식물.

과학
질량 : 물체가 갖는 물질의 양.

照	度	歌	詞	總	督	結	節
비출 **조**	온도 **도**	노래 **가**	말씀 **사**	거느릴 **총**	살필 **독**	맺을 **결**	마디 **절**
日 昭 昭 照	亠 广 庐 度	哥 哥 歌 歌	訁 訁 訂 詞	幺 糸 總 總	上 ホ 叔 督	幺 糸 紝 結	⺮ ⺮ 笳 節

기술
조도 : 빛을 받는 면의 단위 면적이 단위 시간에 받는 빛의 양.

음악
가사 : 가곡 · 가요 · 오페라 따위의 노래 내용이 되는 글.

사회
총독 : 정치 · 경제 · 군사의 모든 통치권을 가진 식민 통치 기구의 우두머리.

국어
결절 : 강낭콩 또는 도토리 크기로 맺혀진 살갗 위로 두드러져 나온 것.

♣ 한자의 뜻과 음을 읽으며 쓰세요.

象	牙	分	壓	排	擊	潮	流
코끼리 **상**	어금니 **아**	나눌 **분**	누를 **압**	물리칠 **배**	칠 **격**	조수 **조**	흐를 **류**
象	牙	八 分	厂 厭 壓	扌 排	毄 擊	氵 潮	氵 流

사회

상아 : 코끼리의 위턱에 길게 뻗은 두 개의 앞니.

과학

분압 : 여러 기체가 섞여 있을 때 어느 특정 기체가 가지는 압력.

사회

배격 : 남의 의견 · 사상 · 행위 · 풍조 따위를 물리침.

과학

조류 : 밀물과 썰물로 인하여 일어나는 바닷물의 흐름.

流	浪	物	體	慈	悲	豫	報
흐를 **유**	물결 **랑**	만물 **물**	몸 **체**	사랑 **자**	슬플 **비**	미리 **예**	알릴 **보**
氵 流	氵 浪	牛 物	骨 體	兹 慈	非 悲	予 豫	土 幸 報

사회

유랑 : 일정하게 머무르는 곳 없이 헤매어 떠돌아다님.

과학

물체 : 물질이 모여서 일정한 모양을 이루고 있는 것.

사회

자비 : 남을 사랑하고 가엾게 여김.

과학

예보 : 앞으로 다가올 일을 미리 알림.

加	熱	對	邊	家	庭	液	體
더할 가	더울 열	대답할 대	가 변	집 가	뜰 정	진 액	몸 체
ㄱ力加加	土幸執熱	业业半對	白皀鼻邊	宀宁家家	亠广庄庭	氵氵沪沪液	罒骨體體

과학
가열 : 어떤 물질에 열을 줌.

수학
대변 : 마주 보고 있는 변.

가정
가정 : 가족이 함께 어울려서 사는 집안.

과학
액체 : 물·기름처럼 일정한 부피는 있으나, 일정한 형상이 없는 유동성 물질.

換	氣	假	定	振	子	融	解
바꿀 환	기운 기	거짓 가	정할 정	떨친 진	아들 자	화할 융	풀 해
扌扩換換	𠂉气気氣	亻作假假	宀宀定定	扌扩拆振	了了子	口鬲鬲融	𠂊角解解

기술
환기 : 공기를 바꿔 넣음.

과학
가정 : 사실이 아니거나, 사실 인지 아닌지 분명하지 않은 것을 사실인 것처럼 인정함.

과학
진자 : 실에 매달아 왕복 운동을 할 수 있도록 만든 물체.

과학
융해 : 녹아서 풀어짐.

素	數	朝	貢	溫	度	歌	唱
흴 소	셈할 **수**	아침 **조**	바칠 **공**	따뜻할 **온**	법도 도	노래 **가**	노래 **창**
二 主 丰 素	口 曲 婁 數	十 占 車 朝	工 齐 甬 貢	氵 泗 汨 溫	亠 广 庐 度	可 哥 歌 歌	口 吅 唱 唱

수학
소수 : 1보다 큰 자연수 중에서 1과 자기 자신만을 약수로 가지는 수.

사회
조공 : 종주국에게 속국이 때 맞추어 예물로 물건을 바치던 일.

과학
온도 : 덥고 찬 정도. 온도계에 나타나는 도수.

음악
가창 : 노래를 부름.

國	史	皮	質	賜	額	照	明
나라 **국**	역사 **사**	가죽 **피**	바탕 **질**	줄 **사**	이마 **액**	비출 **조**	밝을 **명**
冂 冂 匃 國	口 口 史 史	丿 厂 广 皮	斤 所 質 質	目 貝 賜 賜	宀 客 額 額	日 昭 照 照	冂 日 明 明

국어
역사 : 한 나라의 역사.

과학
피질 : 신장의 바깥 부분.

사회
사액 : 현판을 하사함. 임금이 서원 등에 이름을 지어 그것을 새긴 현판을 내리는 것.

기술
조명 : 무대 효과를 높이기 위하여 무대에 광선을 비추는 일.

聽	覺	鳥	類
들을 청	깨달을 각	새조 조	무리 류
耳 耵 聦 聽	印 與 覺 覺	亻 鬼 鳥 鳥	米 类 類 類

청각 : 귀청이 울려 나는 감각.

조류 : 새무리를 이르는 말.

卵	割	價	値
알 난	나눌 할	값 가	값 치
乚 乜 卵 卵	宀 宔 害 割	亻 價 價 價	亻 佔 値 値

난할 : 단세포인 수정란이 분열하여 많은 세포로 갈라지는 일.

가치 : 어떤 사물이 지니고 있는 의의나 중요성 욕망을 충족시키는 재화나 서비스의 중요 정도나 유용성을 뜻함.

驛	站	貴	賓
역참 역	설 참	귀할 귀	손님 빈
馬 馬 驛 驛	亠 立 站 站	口 虫 貴 貴	宀 宀 賓 賓

역참 : 역마를 갈아타던 곳.

귀빈 : 귀한 손님.

磁	性	部	品
자석 자	성품 성	거느릴 부	물건 품
石 矿 磁 磁	忄 忄 忰 性	亠 立 咅 部	丶 口 品 品

자성 : 자기를 띤 물체가 나타내는 성질.

부품 : 기계의 어떤 부분에 쓰이는 물품.

擴	散	威	脅	進	路	間	期
넓힐 **확**	흩을 **산**	위엄 **위**	옆구리 **협**	나아갈 **진**	길 **로**	사이 **간**	기약할 **기**
扌 扩 拃 擴	丷 芾 背 散	厂 厈 戌 威	力 夗 脅 脅	亻 仁 隹 進	口 跞 跞 路	门 門 門 間	甘 其 期 期

국어
확산 : 흩어져 번짐.

역사
위협 : 힘으로 으르고 두려움을 갖게 함.

가정
진로 : 앞으로 나아가는 길.

과학
간기 : 세포가 분열이 끝난 후, 다음 분열이 시작되기 전까지의 시기.

水	運	諫	爭	紡	織	營	養
물 **수**	돌 **운**	간할 **간**	다툴 **쟁**	자을 **방**	짤 **직**	경영할 **영**	기를 **양**
亅 刀 水 水	冖 軍 軍 運	訁 言 訪 諫	亠 爫 爭 爭	幺 糸 紆 紡	糸 紑 織 織	火 炏 炏 營	丷 羊 美 養

사회
수운 : 강에서 뱃길로 물건 · 사람을 실어 나름.

사회
간쟁 : 어른이나 임금에게 옳지 못하거나 잘못된 일을 고치도록 간절히 말함.

사회
방직 : 실을 뽑아서 천을 짬.

가정
영양 : 생물이 외부로부터 음식물을 섭취하여 체성분을 만들어, 체내에서 에너지를 발생시켜 생명을 유지하는 일.

製	品
지을 **제**	물건 **품**
⺧ 制 制 製	ㅣ 口 品 品

기술

제품 : 원료를 가지고 만들어 낸 물건.

商	業
헤아릴 **상**	업 **업**
⺇ 商 商 商	⺍ ⺍ 丵 業

가정

상업 : 상품의 매매에 의하여 생산자와 소비자 사이에서 재화의 전환을 매개하고 이익을 얻는 것을 업으로 하는 일.

融	和
화할 **융**	될 **화**
⺩ 弓 鬲 融	二 禾 和 和

과학

융화 : 열에 녹아서 아주 다른 물질로 변화함.

潮	汐
조수 **조**	조수 **석**
氵 浐 潮 潮	氵 氵 汐 汐

과학

조석 : 바닷물이 하루에 두 번씩 주기적으로 높아졌다 낮아지는 현상.

干	潮
방패 **간**	조수 **조**
一 二 干	氵 浐 潮 潮

과학

간조 : 가장 낮은 물높이까지 빠져나간 때의 썰물.

分	業
나눌 **분**	업 **업**
ノ 八 分 分	⺍ ⺍ 丵 業

사회

분업 : 생산 과정을 세분화하여 여러 사람이 나누어 맡아 생산하는 것.

葛	藤
칡 **갈**	등나무 **등**
氵 渇 渇 渇	⺿ 苉 榺 藤

사회

갈등 : 일이 까다롭게 뒤얽힘.

熔	巖
녹일 **용**	바위 **암**
火 炉 炊 熔	山 嵓 巖 巖

사회

용암 : 마그마가 화산의 분화구로부터 분출한 것. 또는 그것이 식어 굳어서 된 암석.

脈	搏	和	議	壓	出	資	源
맥 **맥**	잡을 **박**	화할 **화**	의논할 **의**	누를 **압**	날 **출**	재물 **자**	근원 **원**
月 月 胪 脈	扌 扩 捕 搏	二 千 和 和	三 言 諱 議	厂 厈 厭 壓	丨 屮 出 出	冫 次 資 資	氵 沪 沥 源

과학

맥박 : 심장의 박동에 따라 일어나는 혈관 벽의 주기적 파동.

사회

화의 : 화해를 의논함. 또는 화해를 결정하는 회의.

기술

압출 : 눌러서 밀어 냄.

기술

자원 : 자연에서 얻어지는 여러 가지 물자. 자료의 근원.

鑑	査	振	動	短	簫	褶	曲
살필 **감**	조사할 **사**	떨칠 **진**	움직일 **동**	짧을 **단**	퉁소 **소**	주름 **습**	굽을 **곡**
金 釣 鋚 鑑	十 木 杏 査	扌 扩 拆 振	二 盲 重 動	匕 矢 知 短	竹 笙 笙 簫	礻 褶 褶 褶	丨 冂 曰 曲

사회

감사 : 감독하고 검사함.

과학

진동 : 흔들려 움직임.

음악

단소 : 향악기(鄕樂器)에 속하는 피리의 한 가지.

과학

습곡 : 지층이 수평방향으로 미는 힘에 의해 휘어진 것.

倍	率	遺	物	鑑	賞	逆	數
곱 **배**	비율 **율**	끼칠 **유**	만물 **물**	거울 **감**	상줄 **상**	거스를 **역**	셈할 **수**
亻 亻 仵 倍	亠 玄 宏 率	中 貴 貴 遺	丶 牛 牣 物	釒 鉅 鉅 鑑	丷 尙 尙 賞	丷 屰 屰 逆	曰 聿 婁 數

배율 : 실제 물체와 보이는 상과의 크기의 비율.

유물 : 죽은 사람이 남긴 물건.

감상 : 예술 작품을 음미하고 이해하여 즐김.

역수 : 어떤 수로써 1을 나누어 얻은 몫을 그 어떤 수에 대하여 일컬음(예컨대, 5의 역수는 1/5).

細	胞	軌	道	制	裁	强	度
가늘 **세**	태보 **포**	길 **궤**	길 **도**	마를 **제**	마를 **재**	힘쓸 **강**	법도 **도**
幺 糸 糽 細	月 月 朐 胞	厂 曰 車 軌	丷 首 首 道	亠 눅 牛 制	亠 圭 恭 裁	弓 弛 弨 强	亠 广 庐 度

세포 : 생물체를 이루고 있는 기본적인 단위.

궤도 : 레일을 깐 기차나 전차의 길.

제재 : 국가가 법규를 위반한 사람에 대하여 처벌이나 금지 따위를 함.

강도 : 강렬한 정도.

♣ 한자의 뜻과 음을 읽으며 쓰세요.

音	階	濕	地	味	覺	綠	化
소리 **음**	계단 **계**	젖을 **습**	땅 **지**	맛 **미**	깨달을 **각**	푸를 **녹**	될 **화**
亠 立 音 音	阝 阝' 阝ᄂ 階	氵 氵 濕 濕	一 土 圠 地	口 口' 咔 味	𦥑 與 覺 覺	幺 糸 綒 綠	ノ 亻 亻' 化

음악

음계 : 음악에 사용되는 음을 어떤 한 음으로부터 차례로 늘어놓은 것.

과학

습지 : 습기가 많은 땅.

과학

미각 : 음식의 맛을 느끼는 감각.

국어

녹화 : 산이나 들에 나무를 심어 푸르게 함.

私	益	華	僑	風	遮	浸	蝕
사사 **사**	더할 **익**	꽃 **화**	우거할 **교**	바람 **풍**	막을 **차**	담글 **침**	좀먹을 **식**
二 禾 私 私	八 兴 谷 益	艹 莽 菙 華	亻 僑 僑 僑	丿 几 凬 風	广 庐 庶 遮	氵 氵 浔 浸	𠂉 食 飠 蝕

사회

사익 : 한 개인의 사사로운 이익.

사회

화교 : 외국에 사는 중국 사람.

사회

풍차 : 겨울에 추위를 막기 위하여 머리에 쓰는 방한용 두건으로 앞은 이마까지 오고 옆은 귀를 덮게 되었음.

과학

침식 : 하천 · 바람 등에 의하여 땅과 암석이 깎이는 작용.

春	材
봄 춘	재목 재
二 夫 春 春	十 木 村 材

기술

춘재 ; 봄철에서 여름철에 걸쳐 형성되는 목질부(木質部).

自	轉
스스로 자	구를 전
′ ′ 自 自	亓 車 轉 轉

과학

자전 : 지구가 하루에 한 바퀴씩 스스로 도는 현상.

縮	尺
다스릴 축	자 척
幺 紵 紵 縮	フ ヲ 尸 尺

사회

축척 : 실제 거리를 지도상에 줄여서 나타낸 비율.

鹽	害
소금 염	해칠 해
臣 盬 鹽 鹽	` 宀 宝 害

사회

염해 : 소금 성분이 농작물에 입히는 피해.

講	和
익힐 강	화할 화
⁼ 計 講 講	二 禾 和 和

사회

강화 : 교전국끼리 싸움을 그만두고 서로 화의 함.

暖	流
따뜻할 난	흐를 류
日 旷 暖 暖	氵 沪 浐 流

과학

난류 : 온도가 높고 염분이 많은 해류. 적도 부근에서 근원을 이루어 차츰 높은 위도로 흘러감.

溶	液
녹을 용	진 액
氵 沪 浔 溶	氵 氵 沪 液

과학

용액 : 어떤 물질에 다른 물질이 녹아 섞인 액체.

開	創
열 개	비롯할 창
冂 門 門 開	∧ 夛 倉 創

사회

개창 : 새로 시작하거나 만들어 냄.

64

數	式	租	稅	代	謝	製	作
셈할 **수**	법 **식**	구실 **조**	구실 **세**	대신할 **대**	사례할 **사**	지을 **제**	지을 **작**
口曲婁數	一ニ式式	ニ禾和租	ニ禾和稅	ノイイ代	言謝謝謝	制製	ノイ竹作

수식 : 수나 양을 나타내는 숫자 또는 글자를 계산 기호로 연결하여, 전체가 수학적으로 뜻을 가진 것.

조세 : 국가나 지방 자치 단체가 그 필요한 경비를 쓰기 위해 국민으로부터 징수하는 돈.

대사 : 생물이 물질을 섭취하고 필요하지 않은 생성물을 몸 밖으로 배출시키는 작용.

제작 : 재료를 가지고 물건을 만듦.

開	港	商	品	壓	縮	畵	風
열 **개**	항구 **항**	헤아릴 **상**	물건 **품**	누를 **압**	다스릴 **축**	그림 **화**	바람 **풍**
門門開開	氵洪洪港	亠商商商	丶口呂品	厂肩厭壓	糸紵綰縮	ユ畫畵畵	ノ几凩風

개항 : 항구를 개방하여 외국 선박의 출입을 허가하는 것.

상품 : 팔고 사는 물건.

압축 : 물체에 힘을 가해 눌러 부피를 줄이는 것.

화풍 : 그림을 그리는 데에 나타나는 어떤 경향.

深	土	蜂	起	狀	態	飮	食
깊을 **심**	흙 **토**	벌 **봉**	일어날 **기**	형상 **상**	모양 **태**	마실 **음**	밥 **식**
氵沪深深	一十土	口虫蚁蜂	土キ走起	丬爿壯狀	厶育能態	𠆢𠆢𬂩飮	𠆢𠆢令食食

과학

심토 : 표토보다 깊은 곳에 쌓인 곳.

사회

봉기 : 벌 떼처럼 많은 사람이 한꺼번에 들고 일어남.

과학

상태 : 물질이 존재하는 모양.

가정

음식 : 사람이 먹을 수 있도록 만든 것.

風	琴	作	圖	健	康	置	換
바람 **풍**	거문고 **금**	지을 **작**	그림 **도**	튼튼할 **건**	편안할 **강**	둘 **치**	바꿀 **환**
丿几风風	王珏琴琴	丿亻𠂆作	冂罒圗圖	亻𠂇律健	广庐庐康	罒罒置置	扌扩換換

음악

풍금 : 건반 악기의 하나. 페달을 밟아서 바람을 넣어 소리를 냄.

수학

작도 : 어떠한 조건에 알맞은 기하학적 도형을 그리는 일.

가정

건강 : 몸에 아무런 탈이 없이 튼튼함.

수학

치환 : 계산의 편리함을 위해 바꾸어 둠.

♣ 한자의 뜻과 음을 읽으며 쓰세요.

與	黨	鍵	盤	鎔	接	殉	葬
줄 **여**	무리 **당**	열쇠 **건**	소반 **반**	녹일 **용**	사귈 **접**	따라죽을 **순**	장사 **장**
𦥑 𦥑 𦦙 與	⺌ 尚 黨 黨	亼 金 鍏 鍵	舟 舟 般 盤	𠂉 金 鎔 鎔	扌 扌 拉 接	𠀃 歹 歽 殉	艹 芀 莚 葬

사회
여당 : 정당 정치에서 현재 정권을 담당하고 있는 정당.

음악
건반 : 피아노 · 오르간 따위의 손으로 치게 된 부분.

과학
용접 : 높은 열을 이용하여 두 금속을 녹여 붙이는 것.

사회
순장 : 한 집단의 지배층 계급에 속하는 인물이 사망했을 경우 처첩, 신하, 노비 등 다른 사람을 함께 묻는 풍습.

條	約	建	設	乾	燥	濃	度
가지 **조**	묶을 **약**	튼튼할 **건**	베풀 **설**	하늘 **건**	마를 **조**	짙을 **농**	법도 **도**
亻 攸 條 條	幺 糸 約 約	彐 聿 建 建	言 言 訁 設	卓 卓 乾 乾	火 炉 燥 燥	氵 沪 濃 濃	广 庐 度 度

사회
조약 : 국가 간 또는 국가와 국제기구 사이의 문서에 의한 합의.

가정
건설 : 건물이나 시설물 따위를 새로 만들어 세움.

가정
건조 : 습기나 물기가 없음.

국어
농도 : 액체 따위의 짙은 정도. 일정량의 액체나 기체 속에 있는 그 성분의 비율.

鹽	類
소금 염	무리 류
臣 臨 鹽 鹽	米 쏷 頪 類

염류 : 소금과 같이 바닷물 속에 녹아 있는 물질의 무리.

協	業
맞을 협	업 업
十 忄 拹 協	〃 ʯ 兴 業

사회

협업 : 어떠한 일을 하는 데 여러 사람이 모여 서로 도와 일을 해 나가는 방식.

盆	地
동이 분	땅 지
八 分 玢 盆	一 土 圤 地

사회

분지 : 산지나 대지로 둘러싸인 평평한 땅.

僧	舞
중 승	춤출 무
亻 个 僧 僧	亠 無 舞 舞

음악

승무 : 고깔과 장삼을 걸치고 두 개의 북채를 쥐고 추는 민속춤.

放	電
놓을 방	번개 전
宀 方 扝 放	一 雨 雪 電

기술

방전 : 축전지 · 축전기에 저장된 전기를 방출하는 현상.

稅	穀
구실 세	곡식 곡
二 禾 秎 稅	士 素 穀 穀

사회

세곡 : 세금으로 거두어 들인 곡식.

浪	費
물결 랑	소비할 비
氵 汋 泿 浪	一 弗 曹 費

가정

낭비 : 시간 · 재물 따위를 헛되이 함부로 씀.

維	新
바 유	새 신
幺 糸 紻 維	立 亲 新 新

사회

유신 : 모든 걸 고쳐 새롭게 함.

結	氷	詛	嚼
맺을 **결**	얼음 **빙**	씹을 **저**	씹을 **작**
ㄠ 糸 結 結	丿 刁 氺 氷	亠 訁 詛 詛	口 吖 哨 嚼

과학

결빙 : 물이 얼어 얼음이 됨.

과학

저작 : 음식물을 입에 넣고 씹음.

音	樂	飽	和
소리 **음**	풍류 **악**	물릴 **포**	화할 **화**
亠 立 音 音	白 絈 樂 樂	夲 宦 飹 飽	二 禾 和 和

음악

음악 : 소리의 가락으로 나타내는 예술. 성악과 기악이 있음.

과학

포화 : 무엇에 의해 최대한도까지 가득 차 있는 상태.

排	卵	白	瓷
밀칠 **배**	알 **란**	흰 **백**	사기그릇 **자**
扌 扚 拚 排	乊 乭 夘 卵	丿 亇 白 白	冫 次 瓷 瓷

과학

배란 : 난소에서 성숙한 난자가 배출되는 현상.

사회

백자 : 흰 빛깔로 된 도자기. 조선 시대에 유행한 자기로 소박한 점이 특징.

死	海	彫	塑
죽을 **사**	바다 **해**	새길 **조**	토우 **소**
一 歹 歹 死	冫 汇 海 海	刀 月 周 彫	亠 朔 朔 塑

과학

사해 : 200% 정도의 높은 염분 때문에 거의 생물이 살지 못해 '죽은 바다'라 불린다.

미술

조소 : 조각과 소조를 아울러 이르는 말.

壓	搾	競	賣	稀	少	受	粉
누를 **압**	짤 **착**	겨룰 **경**	팔 **매**	드물 **희**	적을 **소**	받을 **수**	가루 **분**
厂厃厭壓	扌扩挊搾	立竞竞競	士壳壺賣	禾利秼稀	⺍小小少	⺈爫爫受	丷米料粉

기술

압착 : 센 압력을 가하여 더 단단하게 하거나 빽빽하게 만듦.

사회

경매 : 가장 비싸게 사겠다는 사람에게 물건을 파는 일.

사회

희소 : 매우 드물고 적음.

과학

수분 : 암술머리가 화분을 받아들이는 현상.

血	壓	堤	防	敬	拜	言	論
피 **혈**	누를 **압**	방죽 **제**	막을 **방**	공경할 **경**	절 **배**	말씀 **언**	말할 **론**
丿丆白血	厂厃厭壓	土坦垾堤	阝阝阽防	艹苟苟敬	二丰拜拜	丶亠言言	亖言診論

과학

혈압 : 혈관 속을 흐르는 피의 압력.

사회

제방 : 홍수의 예방이나 저수를 목적으로 둘레를 높이 쌓은 언덕.

사회

경배 : 공경하여 공손하게 절함. 또는 신을 숭배함.

사회

언론 : 말이나 글로 자기 사상을 발표하는 일.

媒	質	眞	空	生	鮮	耕	地
중매 **매**	바탕 **질**	참 **진**	빌 **공**	날 **생**	고울 **선**	밭갈 **경**	땅 **지**
女 奴 娃 媒	厂 所 質 質	匕 旨 直 眞	宀 宀 空 空	ノ 一 牛 生	各 魚 魵 鮮	三 丰 耒 耕	一 土 圹 地

과학
매질 : 물질이나 파동을 전달하는 물질.

과학
진공 : 공기가 없는 공간.

가정
생선 : 말리거나 소금에 절이지 않은 물고기.

사회
경지 : 농사를 짓는 땅.

熱	量	味	蕾	巡	禮	抵	抗
더울 **열**	헤아릴 **량**	맛 **미**	꽃봉오리 **뢰**	돌 **순**	예도 **례**	거스를 **저**	막을 **항**
土 查 執 熱	口 旦 昌 量	口 口 吽 味	艹 芎 蕾 蕾	く 巛 巡 巡	二 示 禮 禮	扌 扌 扩 抵	扌 扌 扩 抗

과학
열량 : 칼로리 단위를 사용하며, 1칼로리는 물 1그램을 1기압 하에서 1도씨 올리는 데 필요한 에너지.

과학
미뢰 : 혀에 분포되어 있는 세포의 모임.

사회
순례 : 종교상의 여러 성지 등을 차례로 찾아다니며 참배하는 것.

기술
저항 : 전류의 흐름을 방해하는 정도를 나타내는 수. 전압을 전류로 나눈 값으로 나타냄.

溪	谷	類	緣	租	借	昇	華
시내 **계**	골 곡	무리 유	인연 **연**	구실 **조**	빌릴 **차**	오를 **승**	꽃 화
氵氵溪溪溪	八父谷谷	米 類 類 類	幺 糸 絆 緣	二 禾 租 租	亻 世 借 借	口 日 昇 昇	艹 芏 荢 華

사회

계곡 : 두 산 사이에 물이 흐르는 골짜기.

과학

유연 : 생물체 상호간의 형상 · 성질 등에 유사한 관계가 있어, 그 차이에 연고가 있는 것.

사회

조차 : 특별한 합의에 따라 어떤 나라가 다른 나라 영토의 일부를 빌려, 일정 기간 통치하는 일.

국어

승화 : 사물 현상이 더욱 높은 상태로 끌어 올려짐.

膨	壓	音	域	血	管	鍛	造
부풀 **팽**	누를 **압**	소리 **음**	지경 **역**	피 **혈**	대롱 **관**	불릴 **단**	지을 **조**
月 肋 腒 膨	厂 厭 厭 壓	亠 立 音 音	土 圻 域 域	丿 个 白 血	⺮ 笁 笁 管	钅 金 鍂 鍛	亠 生 告 造

과학

팽압 : 세포가 물을 흡수하면 세포의 부피가 커져서 세포벽을 밀어 내는데, 이때 세포벽이 받는 압력.

음악

음역 : 목소리나 악기 소리의 최고음과 최저음의 사이.

과학

혈관 : 혈액을 순환시키는 핏줄.

기술

단조 : 금속을 불에 달구어 불려서 일정한 형체로 만드는 일.

出	願
날 **출**	원할 **원**
丨 屮 出 出	厂 原 願 願

출원 : 원서나 신청서를 제출함.

堅	果
굳을 **견**	실과 **과**
了 臣 臤 堅	口 曰 早 果

견과 : 껍데기가 굳고 단단하며 열매가 익어도 벌어지지 않는 과실류.

制	動
마를 **제**	움직일 **동**
乍 朱 制	重 重 動

제동 : 운동을 멈추게 하거나 속력을 떨어지게 함.

復	位
돌아올 **복**	자리 **위**
彳 彳 彳 復	丿 亻 亻 位

복위 : 물러났던 왕이나 왕비가 다시 그 자리에 오르는 것.

職	業
벼슬 **직**	업 **업**
耳 耶 聨 職	业 业 業

직업 : 일자리. 생활을 꾸려 나가기 위하여 매일 하는 일.

鷄	卵
닭 **계**	알 **란**
奚 鷄 鷄	厂 乍 丱 卵

계란 : 닭이 낳은 알.

高	度
높을 **고**	법도 **도**
一 亡 高 高	广 庐 度

고도 : 지평선과 천체가 이루는 각도.

天	體
하늘 **천**	몸 **체**
一 二 天 天	骨 骨 體 體

천체 : 우주 공간에 있는 모든 물체.

星	雲	朋	黨	壓	延	移	讓
별 성	구름 운	벗 붕	무리 당	누를 압	끌 연	옮길 이	사양할 양
口日旦星星	广零雲雲	刀月朋朋	艹尚黨黨	厂厍厭壓	千正延延	二禾移移	言詳讓讓

과학

성운 : 엷은 구름같이 보이는 천체.

사회

붕당 : 뜻이 같은 사람끼리 모인 단체.

기술

압연 : 회전하는 압연기의 롤 사이에 상온이나 고온으로 가열한 금속을 넣어서 막대기나 널 모양으로 넓게 늘이는 일.

과학

이양 : 남에게 넘겨주는 것.

鼓	膜	芯	紋	魚	類	溶	解
북 고	막 막	등심초 심	무늬 문	고기 어	무리 류	녹을 용	풀 해
土壴鼓鼓	月胪膜膜	艹芯芯	幺糸紋紋	夕备魚魚	米类頪類	氵泙淡溶	夕角解解

과학

고막 : 귓구멍 안쪽의 얇은 막. 공기의 진동에 따라 같이 진동하여 소리를 전달함.

과학

심문 : 꽃잎 속의 무늬.

과학

어류 : 물고기를 통틀어 이르는 말.

과학

용해 : 물질이 녹거나 녹임.

憲	政	盜	掘	廢	位	固	體
법 **헌**	정사 **정**	훔칠 **도**	팔 **굴**	폐할 **폐**	자리 **위**	굳을 **고**	몸 **체**
宀宇富憲	下正政政	氵沪次盜	扌护掘掘	广庐廖廢	丿亻亻位	冂冏固固	皿骨體體

사회

헌정 : 입헌 정치를 줄여 이르는 말로, 국민이 제정한 헌법에 의하여 행해지는 정치.

사회

도굴 : 관리자의 승낙을 받지 않고 무덤을 파거나 광물을 캐내는 일.

사회

폐위 : 왕의 자리에서 물러나게 함.

과학

고체 : 일정한 모양과 부피를 갖추고 있는 단단한 물체.

熱	圈	到	着	鴟	尾	停	滯
더울 **열**	우리 **권**	이를 **도**	붙을 **착**	소리개 **치**	꼬리 **미**	머무를 **정**	막힐 **체**
土埶熱熱	冂冏圈圈	一工至到	⺍羊养着	氏氐鴟鴟	コ尸尸尾	亻停停停	氵滯滯滯

과학

열권 : 성층 구분의 하나로, 중간권보다 위에 있으며 높이가 80km 이상의 고층.

국어

도착 : 목적한 곳에 다다름.

사회

치미 : 지붕의 용마루 양쪽 끝에 붙이는 대형 장식 기와.

과학

정체 : 사물이 한 곳에 머물러 그침. 머물러 체류함.

地	形	勞	使	士	禍	穀	類
땅 **지**	모양 **형**	일할 **노**	부릴 **사**	선비 **사**	재화 **화**	곡식 **곡**	무리 **류**
一 十 圵 地	一 二 开 形	⺌ 炏 炏 勞	亻 亻 伟 使	一 十 士	禾 祀 禍 禍	士 声 縠 穀	米 类 斯 類

사회
지형 : 땅의 생긴 모양. 지표의 형태.

사회
노사 : 노동자와 사용자. 즉 노동을 제공하는 노동자와 이들의 노동을 바탕으로 회사를 운영하는 경영자를 말함.

사회
사화 : 조선 중기 사림세력이 화를 당한 연산군 때부터 명종 즉위년까지 발생한 4차례의 옥사.

가정
곡류 : 쌀·보리·밀·옥수수 등의 곡식의 총칭.

發	芽	生	菜	氾	濫	遷	都
쏠 **발**	싹 **아**	날 **생**	나물 **채**	넘칠 **범**	넘칠 **람**	옮길 **천**	도읍 **도**
ᄀ 癶 發 發	⺿ 艹 芌 芽	丿 ⺊ 牛 生	艹 芝 莖 菜	氵 氵 汀 氾	氵 汇 澀 濫	西 要 覀 遷	土 耂 者 都

과학
발아 : 풀이나 나무에서 싹이 틈.

가정
생채 : 익히지 않은 나물.

사회
범람 : 물이 넘쳐흐름.

사회
천도 : 도읍을 옮김.

收	奪	篆	刻	適	性	解	脫
거둘 **수**	빼앗을 **탈**	전자 **전**	새길 **각**	갈 **적**	성품 **성**	풀 **해**	벗을 **탈**
ㄴ ㅓ ㅑ 收	六 本 奞 奪	ㄷㄷ ㄸㄸ 筡 篆	ㄱ ㄱ ㄹ 刻	ㄷ 쓩 商 適	ㄴ ㅓ 忄 性	⅋ 角 俑 解	月 肑 胪 脫

수탈 : 강제로 빼앗음. 긁어 빼앗음.

전각 : 나무·돌·금속·옥 따위에 인장을 새김.

적성 : 무엇에 알맞은 성질. 특정한 일에 대한 각 개인의 적응 능력.

해탈 : 굴레에서 벗어남. 불교에서 속세의 고민과 구속을 벗어나 편안한 경지에 이르는 일.

貢	納	工	藝	公	轉	移	植
바칠 **공**	들일 **납**	장인 **공**	심을 **예**	공변될 **공**	구를 **전**	옮길 **이**	심을 **식**
ㄷ ㄸ 百 貢	ㄴ 糸 紉 納	一 丁 工	ㄸㄸ 萻 蓻 藝	ノ 八 公 公	ㄷ 車 軒 轉	ㄷ 禾 科 移	木 村 柿 植

공납 : 백성이 그 지방의 특산물을 조정에 바치던 일.

공예 : 공작에 관한 예술. 미술적인 조형미를 갖춘 공업 생산품을 제조하는 기술 또는 그 조형물.

공전 : 지구가 태양 주위를 1년에 한 바퀴씩 도는 현상.

이식 : 사람들이 이동하여 문화를 퍼뜨림.

課	稅
매길 **과**	구실 **세**
一 言 訶 課	二 禾 秆 稅

과세 : 세금을 매김.

冷	媒
찰 **랭**	중매 **매**
冫 冫 冷 冷	女 妒 媒 媒

냉매 : 열 교환기에서 열을 빼 앗기 위하여 사용하는 매체.

便	益
편할 **편**	더할 **익**
亻 亻 佢 便	八 八 谷 益

편익 : 소비를 함으로써 얻게 되는 이익.

精	神
자세할 **정**	귀신 **신**
一 米 精 精	二 示 利 神

정신 : 생각이나 감정 등을 지 배하는 마음의 능력.

運	河
돌 **운**	강이름 **하**
一 冒 軍 運	氵 氵 河 河

운하 : 육지를 파서 만든 인공 의 수로.

灌	漑
물댈 **관**	물댈 **개**
氵 氵 灌 灌	氵 洴 淠 漑

관개 : 필요한 물을 강이나 저 수지 등에서 끌어들여 사용하 는 농업.

壓	力
누를 **압**	힘 **력**
厂 厔 厭 壓	フ 力

압력 : 누르거나 미는 힘.

美	術
아름다울 **미**	재주 **술**
丷 羊 美 美	彳 代 休 術

미술 : 그림 · 건축 · 조각 등을 통틀어 이르는 말.

星	團
별 **성**	둥글 **단**
ㅁ日旦星星	冂冂周團團

성단 : 수많은 별들이 무리를 지어 모여 있는 집단.

遺	跡
끼칠 **유**	발자취 **적**
屮尹貴遺	ㅁ묘跍跡

유적 : 건축물이나 전쟁이 있었던 옛터.

音	程
소리 **음**	단위 **정**
亠立音音	二禾和程

음정 : 높이가 다른 음 사이의 간격.

種	類
씨 **종**	무리 **류**
二禾利種	米类類類

종류 : 물건의 같은 것과 다른 것을 각각 부문을 따라서 나눈 갈래.

食	單
밥 **식**	홑 **단**
人今食食	ㅁ吅單單

식단 : 가정 등에서, 필요한 음식의 종류 및 순서를 일정한 기간 계획하여 짠 표.

海	溢
바다 **해**	넘칠 **일**
氵汙海海	氵汁泣溢

해일 : 폭풍우로 바다의 큰 물결이 갑자기 육지로 넘쳐 들어오는 일.

電	氣
번개 **전**	기운 **기**
宀雨霄電	仁气气氣

전기 : 빛과 열을 내고 여러 가지 기계를 움직이게 하는 에너지.

投	機
던질 **투**	기계 **기**
扌扩投	木朴栱機

투기 : 시세 변동을 이용하여 운 좋게 큰 이익을 얻으려고 행하는 매매 거래.

♣ 한자의 뜻과 음을 읽으며 쓰세요.

年	號
해 **연**	부르짖을 **호**
丿 𠂉 乍 年	口 号 号 號

사회

연호 : 왕이 즉위하면 자신의 재위 기간을 다른 시기와 구별하여 나타내기 위해 해를 세는 명칭으로 제정한 것.

滿	潮
찰 **만**	조수 **조**
氵 泔 浾 滿	氵 泸 淖 潮

과학

만조 : 밀물이 꽉 차서 해면의 수위가 가장 높게 된 상태.

薦	擧
천거할 **천**	들 **거**
艹 芦 蔍 薦	𦥑 與 與 擧

사회

천거 : 인재를 어떤 자리에 추천하는 일.

譜	表
계보 **보**	겉 **표**
言 言 譜 譜	二 丰 耒 表

음악

보표 : 음표 · 쉼표 등을 표시하기 위하여 가로로 그은 평행선. 흔히 오선을 쓰므로 '오선보표'라고도 함.

肥	滿
살찔 **비**	찰 **만**
刀 月 肥 肥	氵 泔 浾 滿

가정

비만 : 살이 쪄서 몸이 뚱뚱함.

地	峽
땅 **지**	골짜기 **협**
一 土 圵 地	丨 山 峽 峽

사회

지협 : 두 대륙을 연결하는 잘록하고 좁다란 땅으로, 육지 양쪽에 바다가 접근하여 육지가 매우 좁게 나타남.

集	會
모일 **집**	모일 **회**
亻 亻 隹 集	人 合 會 會

사회

집회 : 어떠한 목적으로 여러 사람이 모임.

慣	性
버릇 **관**	성품 **성**
忄 悝 慣 慣	丶 忄 性 性

과학

관성 : 물체가 외부의 작용을 받지 아니하는 한, 정지 또는 운동 상태를 계속 유지하려고 하는 성질.

♣ 한자의 뜻과 음을 읽으며 쓰세요.

收	斂
거둘 **수**	거둘 **렴**
ㄴ ㄴ 丬 收	ㅅ 슶 슶 斂

사회

수렴 : 생각이나 주장 등을 한 군데로 모이게 함.

整	數
가지런할 **정**	셈할 **수**
ㄹ 束 敕 整	ㅂ 曲 婁 數

수학

정수 : 하나 또는 그것을 하나 씩 차례로 더하여 이루어지는 자연수 또는 이에 대응하는 음 수 및 0의 통칭.

胸	腔
가슴 **흉**	빈속 **강**
刀 月 肑 胸	月 胪 腔 腔

과학

흉강 : 횡격막과 늑골로 둘러 싸인 가슴통.

廣	告
넓을 **광**	알릴 **고**
广 庐 庻 廣	ㄴ 生 告 告

가정

광고 : 세상에 널리 알림.

霸	權
으뜸 **패**	권세 **권**
西 覀 霸 霸	木 栌 栌 權

사회

패권 : 한 지방이나 부류의 우 두머리가 가진 권력.

移	牧
옮길 **이**	칠 **목**
ㄷ 禾 移 移	ㄴ 牛 牜 牧

사회

이목 : 계절에 따라 장소를 옮 겨 다니며 가축을 기르는 것. 여름에는 서늘한 산지로, 겨울 에는 평지로 내려오는 방식.

鑛	物
쇳돌 **광**	만물 **물**
ㅌ 金 鑄 鑛	ㄴ 牛 牞 物

과학

광물 : 땅 속에 묻혀 있는 철 · 금 · 은 · 석탄 같은 것.

散	開
흩을 **산**	열 **개**
艹 昔 散 散	冂 門 門 開

과학

산개 : 모여 있지 않고 여럿으 로 흩어짐.

解	消
풀 **해**	사라질 **소**
ク角解解	氵汁消消

해소 : 이제까지의 일이나 어떤 상태 또는 관계를 풀어서 없앰.

座	標
자리 **좌**	표할 **표**
广广应座	木柜柜標

좌표 : 어떤 위치나 점의 자리를 나타내는 데에 표준이 되는 표.

示	威
보일 **시**	위엄 **위**
一二亍示	厂厅反威

시위 : 위력이나 기세를 드러내어 보임.

談	合
말씀 **담**	합할 **합**
言言談談	人合合合

담합 : 경쟁 관계에 있는 여러 기업들이 경쟁을 피하기 위하여 미리 의논하여 가격이나 품질의 수준을 정하는 것.

收	縮
거둘 **수**	다스릴 **축**
ㄴㅣ收收	糸紵紵縮

수축 : 어떤 물건이 오그라들거나 줆.

電	流
번개 **전**	흐를 **류**
雨雨雷電	氵汸沽流

전류 : 전기를 띤 입자들의 흐름. 전위가 다른 두 물질을 도선으로 이을 때에 전기가 그 도선을 따라 흐르는 현상.

婿	屋
사위 **서**	집 **옥**
女妌妌婿	尸层屋

서옥 : 고구려에서 혼인을 한 후에 사위가 머무를 수 있도록 신부의 집 뒤에 세운 작은 집.

敎	區
가르칠 **교**	지경 **구**
メ考孝敎	一戸品區

교구 : 종교를 전파하는 데 있어서 지도나 감독을 위해 나눈 구역.

交	線	漁	撈	地	震	巖	鹽
사귈 교	줄 선	고기잡을 어	잡을 로	땅 지	벼락 진	바위 암	소금 염
亠六亣交	纟糸綿線	氵汐漁漁	扌捗撈撈	一十圤地	亠雨霒震	屵峃巖巖	臣鹶鹽鹽

수학

교선 : 두 도형이 만날 때 생기는 선.

사회

어로 : 수산물을 포획하거나 채취함.

사회

지진 : 땅 속의 어떤 힘에 의하여 크게 울리고 갈라지는 현상.

과학

암염 : 소금으로 이루어진 암석.

圖	面	脊	髓	瘠	薄	情	緒
그림 도	얼굴 면	등성마루 척	골수 수	파리할 척	엷을 박	뜻 정	실마리 서
冂圖圖圖	丆丆面面	人夾夵脊	呂骨髁髓	广疒瘠瘠	艹茫蒲薄	忄忄情情	纟糸紗緒

기술

도면 : 토목 · 건축 · 기계 · 토지 · 임야 등의 구조나 설계 등을 제도기를 써서 기하학적으로 그린 그림.

과학

척수 : 등골뼈 안에 들어 있는 회백색의 물질.

사회

척박 : 땅이 몹시 메마르고 기름지지 못함.

가정

정서 : 어떤 일을 겪거나 생각할 때에 일어나는 온갖 감정.

鉛	直	交	點	海	綿	變	量
납 연	곧을 직	사귈 교	점 점	바다 해	솜 면	변할 변	헤아릴 량
ㅅ 金 釦 鉛	十 市 直 直	亠 六 亣 交	口 里 點 點	氵 汙 海 海	纟 糸 絈 綿	言 結 縊 變	口 므 畕 量

<table>
<tr><td colspan="2">과학</td></tr>
<tr><td colspan="2">연직 : 납으로 만든 추가 지구 중심을 향하여 있는 상태로, 지표면에 수직인 방향.</td></tr>
</table>

<table>
<tr><td colspan="2">수학</td></tr>
<tr><td colspan="2">교점 : 두 직선이 만날 때 생기는 점.</td></tr>
</table>

<table>
<tr><td colspan="2">과학</td></tr>
<tr><td colspan="2">해면 : 세포의 모양이나 배열이 불규칙하고 세포 사이의 빈 공간이 많아 해면동물과 유사하여 붙여진 이름.</td></tr>
</table>

<table>
<tr><td colspan="2">수학</td></tr>
<tr><td colspan="2">변양 : 주어진 조건에 따라 변하는 양.</td></tr>
</table>

版	畫	實	學	交	換	發	聲
널 판	그림 화	열매 실	배울 학	사귈 교	바꿀 환	쏠 발	소리 성
ㅣ 片 片 版	彐 聿 書 畫	宀 宷 審 實	ㅌ 臼 與 學	亠 六 亣 交	扌 扩 捔 換	癶 癶 癹 發	士 声 殸 聲

<table>
<tr><td colspan="2">미술</td></tr>
<tr><td colspan="2">판화 : 나무·금속·돌로 된 판에 그림을 새기고 색을 칠하고, 종이나 천을 대어 찍어낸 그림.</td></tr>
</table>

<table>
<tr><td colspan="2">사회</td></tr>
<tr><td colspan="2">실학 : 학문은 실생활에 이용할 수 있는 것이어야 한다는 사상에서 나온 학문.</td></tr>
</table>

<table>
<tr><td colspan="2">가정</td></tr>
<tr><td colspan="2">교환 : 이것과 저것과 서로 바꿈.</td></tr>
</table>

<table>
<tr><td colspan="2">음악</td></tr>
<tr><td colspan="2">발성 : 소리를 냄. 또는 그 소리.</td></tr>
</table>

利	潤	舊	教	攝	取	國	樂
이로울 **이**	젖을 **윤**	옛 **구**	가르칠 **교**	당길 **섭**	취할 **취**	나라 **국**	풍류 **악**
二千禾利	氵沪潤潤	艹芢萑舊	メ乡孝教	扌捏攝攝	丁王耳取	冂冂同國	白的樂樂

사회

이윤 : 장사하고 남은 돈. 이익.

사회

구교 : 종교 개혁 이전의 로마 카톨릭을 이르는 말.

가정

섭취 : 양분을 빨아들임.

음악

국악 : 그 나라의 고유한 음악.

軍	備	指	數	祿	邑	騷	音
군사 **군**	갖출 **비**	손가락 **지**	셈할 **수**	복 **녹**	고을 **읍**	떠들 **소**	소리 **음**
冖呂冒軍	亻伂俌備	扌扌护指	口曲婁數	二禾祿祿	丶口吕邑	馬馬騷騷	亠立音音

사회

군비 : 전쟁을 수행하기 위해 갖춘 무기나 군사 시설.

수학

지수 : 어떤 수 또는 문자의 오른쪽 위에 덧붙어 그 거듭제곱을 나타내는 문자 또는 숫자.

사회

녹읍 : 신라시대 귀족들에게 지급된 토지.

가정

소음 : 떠들썩한 소리. 시끄러운 소리.

市	場	權	威
저자 **시**	마당 **장**	권세 **권**	위엄 **위**
丶一亠市	土 圹 圮 場	木 栌 栌 權	厂 厂 反 威

사회

시장 : 매일 또는 정기적으로 사람이 모여 상품 매매를 하는 장소.

流	通	整	備
흐를 **류**	통할 **통**	가지런할 **정**	갖출 **비**
氵氵汸流	丂 甬 甬 通	日 束 敕 整	亻 伊 伊 備

사회

유통 : 상품 등이 생산자에서 소비자·수요자에 도달하기까지 여러 단계에서 교환·분배되는 활동.

기술

정비 : 뒤섞이거나 헝클어진 것을 정리하여 바로 갖춤.

海	流	誹	謗
바다 **해**	흐를 **류**	비방할 **비**	비방할 **방**
氵氵海海	氵氵汸流	言 言 詐 誹	言 言 誇 謗

사회

해류 : 일정 방향을 거의 일정 속도로 이동하는 바닷물의 흐름.

採	集	週	期
캘 **채**	모일 **집**	돌 **주**	기약할 **기**
扌 采 采 采	亻 伫 隹 集	刀 月 周 週	艹 其 期 期

사회

비방 : 남을 헐뜯어 욕함.

사회

채집 : 식물·동물 따위의 표본을 캐거나 잡아서 모음.

과학

주기 : 같은 현상이나 특징이 되풀이되는 데 걸리는 시간.

名	畫	均	衡	髓	質	破	産
이름 **명**	그림 **화**	고를 **균**	저울대 **형**	골수 **수**	바탕 **질**	깨뜨릴 **파**	낳을 **산**
ノ夕夕名	聿畫書畫	一土均均	彳徫循衡	骨骨骨髓	斤所盾質	ノ石矿破	亠产産

미술

명화 : 이름난 그림. 아주 잘 그린 그림.

가정

균형 : 어느 한쪽으로 치우치지 아니하고 쪽 고름.

과학

수질 : 신장의 안쪽 부분.

과학

파산 : 재산을 모두 잃어버리고 망함.

巖	石	快	適	演	奏	變	遷
바위 **암**	돌 **석**	쾌할 **쾌**	갈 **적**	펼 **연**	아뢸 **주**	변할 **변**	옮길 **천**
山嵓巖巖	一丆丆石	忄忄忄快	亠产商適	氵沪沪演	三夫夫奏	言絲絲變	西要悪遷

과학

암석 : 바윗돌.

기술

쾌적 : 심신에 알맞아 기분이 썩 좋음.

음악

연주 : 여러 사람 앞에서 악기로 들려 줌.

사회

변천 : 세월이 흐름에 따라 바뀌어 변함.

燻	製	專	賣	地	圖	山	脈
연기 **훈**	지을 **제**	오로지 **전**	팔 **매**	땅 **지**	그림 **도**	뫼 **산**	맥 **맥**
火 焰 燻 燻	二 隹 制 製	一 車 叀 專	土 壺 賣 賣	一 土 圹 地	冂 門 圕 圖	丨 山 山	几 月 肵 脈

가정
훈제 : 소금에 절인 고기 등을 연기에 그을려 말림.

사회
전매 : 어떤 물건을 독점하여 팖.

사회
지도 : 지구 표면의 일부, 또는 전부를 축척에 의하여 평면상에 나타낸 그림.

사회
산맥 : 많은 산들이 길게 이어져 줄기 모양을 하고 있는 지대.

選	擧	因	數	極	冠	新	敎
가릴 **선**	들 **거**	인할 **인**	셈할 **수**	다할 **극**	갓 **관**	새 **신**	가르칠 **교**
巴 巴 巽 選	手 界 興 擧	丨 冂 因 因	曰 婁 婁 數	木 杍 枹 極	冖 完 冠 冠	立 亲 新 新	乂 差 差 敎

사회
선거 : 여러 사람 가운데서 뽑아 정함.

수학
인수 : 수 또는 식을 몇 개의 곱의 형식으로 하였을 경우, 이의 구성 부분을 말함.

과학
극관 : 화성 양극 끝에서 하얗게 빛나는 부분.

사회
신교 : 종교 개혁 이후 로마 카톨릭에서 갈라져 나온 크리스트교의 여러 파를 통틀어 이르는 말.

奚	琴
어찌 해	거문고 금
´ ´ 豸 奚	王 珏 琴琴

음악

해금 : 민속 악기의 한 가지. 둥근 나무통에 가는 자루를 박고 두 줄의 명주실을 매어 오죽(烏竹)에 말총을 얹은 활로 비벼 켬.

堆	積
언덕 퇴	쌓을 적
土 圹 堆堆	千 秆 積積

사회

퇴적 : 많이 덮쳐 쌓임. 또는 많이 덮쳐 쌓음.

民	謠
백성 민	노래 요
フ コ ア 民	訁 言 誣謠

음악

민요 : 민중 속에서 자연적으로 생겨나 오랫동안 전해 내려온 노래의 총칭.

情	報
뜻 정	알릴 보
ㆍ 忄 忄青情	土 幸 郣報

가정

정보 : 정세에 관한 자세한 소식, 또는 그 내용이나 자료.

極	東
다할 극	동녘 동
木 朾 柯極	冂 日 申東

사회

극동 : 아시아 대륙의 동쪽에 위치한 지역. 우리 나라·일본·중국·필리핀 등을 이르는 말.

主	權
주인 주	권세 권
ㆍ 二 宀 主	木 栌 欂權

사회

주권 : 국가 구성의 요소로서 최고·독립·절대의 권력.

痲	藥
저릴 마	약 약
ㆍ 疒 痲痲	⺿ 苩 蕐藥

과학

마약 : 장복(長服)하면 중독 증상을 나타내는 물질의 총칭.

遠	視
멀 원	볼 시
土 吉 袁遠	千 禾 祀視

과학

원시 : 먼 곳은 잘 볼 수 있고, 가까운 곳은 잘 보이지 않음.

根	號	賂	物	遺	骸	破	門
뿌리 **근**	부르짖을 **호**	뇌물줄 **뢰**	만물 **물**	끼칠 **유**	뼈 **해**	깨뜨릴 **파**	문 **문**
十 木 村 根	口 号 號 號	目 貝 賂 賂	一 牛 物 物	中 貴 貴 遺	皿 骨 骸 骸	丆 石 矿 破	冂 冃 門 門

근호 : 거듭제곱근을 보이는 기호 곧, √를 이름.

뇌물 : 사람을 매수하여 법을 어기고 자기를 이롭게 해 달라고 주는 돈이나 물건.

유해 : 죽은 사람의 몸이나 뼈.

파문 : 신도로서의 자격을 빼앗고 내쫓는 일. 특히 크리스트교에서 공식적으로 행하던 일.

菜	蔬	電	壓	凝	結	辮	髮
나물 **채**	푸성귀 **소**	번개 **전**	누를 **압**	엉길 **응**	맺을 **결**	땋을 **변**	터럭 **발**
艹 苂 苹 菜	艹 菇 菇 蔬	一 雷 雫 電	厂 肩 厭 壓	冫 冸 凝 凝	幺 糸 紆 結	亠 辛 辬 辮	丆 镸 髟 髮

채소 : 밭에 가꾸어 먹는 온갖 푸성귀.

전압 : 전기장이나 도체 내에 있는 두 점 사이의 전위차.

응결 : 한데 엉겨 뭉침.

변발 : 남자의 머리를 뒷부분만 남기고 나머지 부분을 깎아 뒤로 길게 땋아 늘인 머리.

♣ 한자의 뜻과 음을 읽으며 쓰세요.

雪	皮	合	議	函	數	氣	管
눈 **설**	가죽 **피**	합할 **합**	의논할 **의**	함 **함**	셈할 **수**	기운 **기**	대롱 **관**
冖 雨 雫 雪	丿 厂 广 皮	人 亼 合 合	言 訁 諅 議	了 孑 函 函	甲 婁 婁 數	𠂉 气 氙 氣	⺈ 竹 竺 管

사회

설피 : 눈에 빠지지 않도록 신 바닥에 대는 일종의 덧신.

사회

합의 : 어떤 문제에 대해 두 사람 이상이 한자리에 모여서 의논함.

수학

함수 : 어떤 수가 상자 안에 들어가서 계산되어 그 값이 결정되는 관계.

과학

기관 : 공기가 드나드는 통로.

燒	失	量	田	對	角	政	變
불사를 **소**	잃을 **실**	헤아릴 **양**	밭 **전**	대답할 **대**	뿔 **각**	정사 **정**	변할 **변**
火 灶 焼 燒	𠂉 仁 牛 失	口 旦 昌 量	丨 冂 冊 田	业 丵 丵 對	⺈ 角 角 角	丅 正 政 政	言 絲 䜌 變

사회

소실 : 불에 타서 없어짐. 또는 그렇게 잃음.

사회

양전 : 토지의 실제 경작 상황을 알기 위하여 토지의 넓이를 측량하던 일.

수학

대각 : 마주 보고 있는 각.

사회

정변 : 합법적인 수단에 의하지 않는 정권자의 변동.

演	算	素	朴	通	風	時	差
펼 **연**	셈할 **산**	흴 **소**	순박할 **박**	통할 **통**	바람 **풍**	때 **시**	어긋날 **차**
氵沪涫演	´´竹箭算	二主妻素	十木朴朴	マ甬甬通	丿几凤風	刂日旷時	丷¥羊差

수학

연산 : 어떤 집합 요소 간에 어떤 조작을 가하여 다른 요소로 인도하는 것.

국어

소박 : 꾸밈이나 거짓이 없이 있는 그대로임.

기술

통풍 : 바람을 통하게 함. 공기가 잘 드나들 수 있게 함.

사회

시차 : 일정한 시간과 시간의 차.

樂	曲	氣	象	技	術	受	精
풍류 **악**	굽을 **곡**	기운 **기**	코끼리 **상**	재주 **기**	재주 **술**	받을 **수**	자세할 **정**
白伯樂樂	丨冂曰曲	´气气氣	´象象象	一才扌技	彳牜術術	´´´´受	丷米精精

음악

악곡 : 음악의 곡조.

과학

기상 : 비 · 눈 · 바람 · 안개 · 구름 · 기온 등 대기 가운데서 일어나는 모든 물리적 현상.

가정

기술 : 어떤 일을 정확하고 능률적으로 해내는 솜씨.

과학

수정 : 암수의 생식 세포가 하나로 합쳐지는 현상.

地	殼	發	光
땅 **지**	껍질 **각**	쏠 **발**	빛 **광**
一 十 圵 地	土 壳 殼 殼	⼅ 癶 弞 發	l ⼩ 光 光

지각 : 지구를 둘러싼 껍데기 층.

電	源
번개 **전**	근원 **원**
雨 雨 雷 電	氵 沪 沔 源

기술

전원 : 전류가 오는 원천.

波	浪
물결 **파**	물결 **랑**
氵 汸 沪 波	氵 氵 沪 浪

사회

파랑 : 바람과 기압의 변화에 의해 발생하는 바다의 물결.

園	藝
동산 **원**	재주 **예**
门 門 周 園	艹 艿 埶 藝

사회

원예 : 화초와 야채·과수 등을 심어 가꾸는 일. 또는 그 기술.

陷	落
빠질 **함**	떨어질 **락**
⼅ 阝 阽 陷	艹 荾 茨 落

사회

함락 : 적의 성, 요새 등을 공격하여 무너뜨림.

導	體
이끌 **도**	몸 **체**
首 首 道 導	骨 骨 骨豊 體

과학

도체 : 전기 저항이 적어서 전기가 잘 통하는 물질.

鑽	井
뚫을 **찬**	우물 **정**
金 鈝 鑙 鑽	一 二 汁 井

사회

찬정 : 우물을 팜. 또는 그 우물.

肉	類	議	決
고기 **육**	무리 **류**	의논할 **의**	결정할 **결**
⌐ 冂 内 肉	⺷ 类 頪 類	亠 訁 詳 議	冫 氵 江 決

육류 : 먹을 수 있는 짐승의 고기 종류.

鑄	造	植	生
주물 **주**	지을 **조**	심을 **식**	날 **생**
釒 鈩 鑄 鑄	亠 牛 告 造	木 栌 植 植	丿 ⺊ 牛 生

의결 : 의논하여 결정하는 일.

주조 : 쇠를 녹여 거푸집에 부어 물건을 만듦.

식생 : 어느 한 지역에 많이 모여 자라는 식물의 집단.

酵	素	費	用
술밑 **효**	흴 **소**	소비할 **비**	쓸 **용**
丆 酉 酵 酵	二 宔 素 素	弖 曲 費 費	丿 冂 月 用

효소 : 생체 안에서 이루어지는 화학 반응의 촉매로서 작용하는 고분자 물질.

비용 : 물건을 사거나 어떤 일을 하는 데 드는 돈.

接	觸	飢	餓
사귈 **접**	닿을 **촉**	주릴 **기**	주릴 **아**
扌 扩 挟 接	月 角 觪 觸	丿 亼 食 飢	𠂊 食 飰 餓

접촉 : 맞붙어 닿음.

기아 : 사람이 먹을 것이 없어 오랫동안 거의 먹지 못하고 지내는 상태.

先	賢	産	業	土	壤	器	樂
먼저 **선**	어질 **현**	낳을 **산**	업 **업**	흙 **토**	흙 **양**	그릇 **기**	풍류 **악**
ノ 牛 生 先	臣 臤 賢賢	亠 立 产産	⺊ ⺊⺊ 丵業	一 十 土	土 圹 瓊壤	⼝ ⼝⼝ 哭器	白 絈 絲樂

사회

선현 : 옛 사람 중 어질고 뛰어나 이치에 밝은 사람.

가정

산업 : 생산을 하는 사업.

과학

토양 : 농작물 등이 생장할 수 있는 흙.

음악

기악 : 주로 악기를 사용하여 연주하는 음악.

蒸	發	颱	風	逸	脫	氣	壓
찔 **증**	쏠 **발**	태풍 **태**	바람 **풍**	달아날 **일**	벗을 **탈**	기운 **기**	누를 **압**
⺿ ⺿ 蒸蒸	⺪ ⺘ 發發	几風 颱颱	ノ 几 凧風	⺈ 免 兔逸	月 肰 脫脫	⺈ 气 气氣	厂 肩 厭壓

과학

증발 : 액체가 그 표면으로부터 기체로 변하여 달아나는 현상.

사회

태풍 : 북태평양 남서부에서 발생하여 동북아시아 내륙으로 불어 닥치는 폭풍우.

사회

일탈 : 어떤 사상이나 조직, 규범 등에서 벗어나는 것.

과학

기압 : 공기가 지표면을 누르는 힘.

惡	夢	割	讓
악할 **악**	꿈 **몽**	나눌 **할**	사양할 **양**
一 亞 惡 惡	卄 苩 薴 夢	宀 宔 害 割	言 諺 讓 讓

국어
악몽 : 나쁜 꿈. 불길하고 무서운 꿈.

사회
할양 : 땅·물건을 떼어 남에게 넘겨 줌.

專	制	邊	材
오로지 **전**	마를 **제**	가 **변**	재목 **재**
一 車 叀 專	牛 朱 制 制	自 臱 臱 邊	十 木 村 材

사회
전제 : 국가 권력을 개인이 장악하고 개인의 의사에 의해 모든 일을 처리하는 것.

기술
변재 : 통나무의 겉 부분. 빛은 희고 몸은 무르며 질은 거침.

月	蝕	波	動
달 **월**	좀먹을 **식**	물결 **파**	움직일 **동**
丿 月 月 月	人 食 飴 蝕	冫 氵 沍 波	一 台 重 動

과학
월식 : 지구가 태양과 달 사이에 들어가 달의 일부 또는 전부가 지구의 그림자에 가려 보이지 않게 되는 현상.

과학
파동 : 물결의 움직임.

誨	諭	記	號
가르칠 **회**	깨우칠 **유**	기록할 **기**	부르짖을 **호**
亠 言 誨 誨	亠 言 諭 諭	亠 言 記	口 号 號 號

사회
회유 : 가르쳐서 깨우침.

사회
기호 : 무슨 뜻을 나타내기 위하여 적은 부호·문자·표시 따위의 총칭.

遵	守	藥	物	蠕	動	食	事
좇을 **준**	지킬 **수**	약 **약**	만물 **물**	꿈틀거릴 **연**	움직일 **동**	밥 **식**	일 **사**
⺍⻖尊遵	丶宀宀守	⺿⺿藭藥	牛牛物物	虫虸蠕蠕	二乕重動	人今食食	一口写事

사회

준수 : 규칙·명령 등을 그대로 좇아서 지킴.

과학

약물 : 약제가 되는 물질. 약품.

과학

연동 : 소화 기관의 근육이 꿈틀거리며 운동하여 음식물을 아래로 내려 보내는 운동.

가정

식사 : 음식을 먹는 일, 또는 그 음식.

集	合	氣	候	截	片	讚	歌
모일 **집**	합할 **합**	기운 **기**	물을 **후**	끊을 **절**	조각 **편**	기릴 **찬**	노래 **가**
亻代隹集	人人合合	⺍气气氣	亻仩佢候	⼟⼟雀截	丿丿丬片	言言譜讚	可哥哥歌

수학

집합 : 원소들을 모아서 써 놓은 것.

사회

기후 : 비가 오고, 맑고, 흐리고, 춥고, 덥고 하는 따위의 모든 현상.

수학

절편 : 해석 기하에서, 직선이 가로축이나 세로축과 만나는 점의 높이나 거리.

사회

찬가 : 찬양·찬미의 뜻을 표한 노래.

彈	性
탄알 **탄**	성품 **성**
弓 弓^四 彈 彈	丶 忄 忄生 性

과학

탄성 : 본래의 모양으로 되돌아오는 것과 같이 변형된 물체가 다시 원래의 상태로 되돌아오는 성질.

螺	絲
소라 **라**	실 **사**
虫 蝍 蝶 螺	幺 糸 絲 絲

기술

나사 : 소라처럼 빙빙 비틀어 고랑이 진 물건. 물건을 고정시키는 데에 씀.

蒸	溜
찔 **증**	물방울 **류**
艹 芢 莁 蒸	氵 沙 沟 溜

과학

증류 : 액체를 가열하여 생긴 증기를 냉각시켜 다시 액화하여 성분을 분리 정제함.

衙	前
마을 **아**	앞 **전**
彳 徎 徎 衙	丷 产 前 前

사회

아전 : 옛날 고을의 관청에 딸린 낮은 벼슬아치.

韓	服
나라 **한**	옷 **복**
古 卓 草 韓	月 月 朋 服

가정

한복 : 우리 나라의 고유한 의복.

律	動
법 **률**	움직일 **동**
丿 彳 伊 律	二 亏 重 動

음악

율동 : 일정한 규칙에 따라 움직임. 일정한 때마다 변환하여 움직임.

斷	層
끊을 **단**	층 **층**
𢆶 鑾 斷 斷	尸 屏 層 層

과학

단층 : 지구 내부의 움직이는 힘의 영향을 받아 지층이 아래위로 층을 이룬 현상.

黃	海
누를 **황**	바다 **해**
艹 芢 苗 黃	氵 汢 海 海

과학

황해 : 우리 나라 서쪽 바다를 일컫는 말.

♣ 한자의 뜻과 음을 읽으며 쓰세요.

選	好	條	例
가릴 선	좋을 호	가지 조	법식 례
ᵝ ᵝᵝ 巽選	ㄴ 女 好好	ㅓ ㅓ 攸條	ㅓ ㅓ 伢例

사회

선호 : 여러 가지 중에서 어떤 대상을 특별히 가려서 좋아하는 것.

사회

조례 : 지방 의회가 법령의 범위 내에서 그 지방의 사무에 관해 제정하는 규정.

遠	征	電	荷
멀 원	칠 정	번개 전	연 하
ㅗ 吉 袁遠	ㅓ ㅓ 延征	ㅡ 霄 霄電	ㅛ 犲 荷荷

사회

원정 : 멀리 적을 치러감.

과학

전하 : 전기 현상을 일으키는 원인.

比	重	重	唱
견줄 비	무거울 중	무거울 중	노래 창
ㆍ ㅑ ㅑ 比	ㅡ 台 重重	ㅡ 台 重重	ㅁ 吅 唱唱

기술

비중 : 다른 사물과 비교할 때 중요성의 정도.

음악

중창 : 두 사람 이상이 각각 다른 성부를 맡아 부르는 것으로 여성 또는 남성끼리 노래하는 일.

樹	冠	暗	礁
나무 수	갓 관	어두울 암	암초 초
木 村 植樹	ㄱ 冗冠	ㅣ 日 暗暗	石 矿 碓礁

과학

수관 : 많은 가지와 잎이 달려 마치 갓 모양을 이루는 나무 줄기의 윗부분.

과학

암초 : 해면(海面) 가까이 숨어 있어 보이지 않는 바위.

99

伽	倻	琴
절 **가**	땅이름 **야**	거문고 **금**
亻 亻 伽 伽	亻 亻 倻 倻	王 珏 琴 琴

음악

가야금 : 12줄로 된 우리 고유의 현악기.

壁	報
벽 **벽**	알릴 **보**
尸 启 辟 壁	土 幸 幸 報

사회

벽보 : 벽에 붙이어 여러 사람에게 알리는 글.

水	墨	畵
물 **수**	먹 **묵**	그림 **화**
亅 亅 水 水	罒 里 黑 墨	⺻ 畫 書 畵

미술

수묵화 : 채색을 쓰지 아니하고, 수묵으로 짙고 옅은 효과를 내어 그린 그림.

冷	凍	室
찰 **냉**	얼 **동**	집 **실**
冫 冫 冷 冷	冫 冫 凍 凍	宀 宀 室 室

가정

냉동실 : 썩지 않게 해 두기 위하여 얼리는 곳.

破	滅
깨뜨릴 **파**	멸망할 **멸**
丁 石 矿 破	氵 沪 泻 滅

사회

파멸 : 깨어져 멸망함.

酪	農	業
유즙 **낙**	농사 **농**	업 **업**
酉 酉 酪 酪	曲 曲 農 農	丷 业 業 業

사회

낙농업 : 젖소나 염소 등을 길러 그 젖을 짜거나 또는 그 젖으로 버터 · 치즈 등을 만드는 농업.

♣ 한자의 뜻과 음을 읽으며 쓰세요.

公	權	力
공변될 **공**	권세 **권**	힘 **력**
ノ 八 公 公	木 栌 梢 權	フ 力

사회

공권력 : 국가 또는 공공 단체가 국민에 대하여 명령하고 강제하는 권력.

直	流
곧을 **직**	흐를 **류**
十 古 直 直	氵 汁 浐 流

과학

직류 : 회로 가운데를 늘 일정한 방향으로 흐르는 전류. 전류의 세기와 방향을 일정하게 유지하여 흐르는 전류.

牧	畜	業
칠 **목**	쌓을 **축**	업 **업**
ノ 牛 牧 牧	亠 云 玄 畜	″ ″ 业 業

사회

목축업 : 소 · 말 · 양 · 돼지 등 가축을 다량으로 기름.

骨	角	器
뼈 **골**	뿔 **각**	그릇 **기**
冂 凸 骨 骨	ク 介 角 角	口 吅 哭 器

사회

골각기 : 동물의 뼈, 뿔 등으로 만든 도구나 장신구.

金	屬
쇠 **금**	이을 **속**
ノ 八 仐 金	尸 屖 屬 屬

기술

금속 : 특수한 광택이 있고 열과 전기를 전도하여, 퍼지고 늘어지는 성질이 풍부한 물질의 총칭.

密	輸	出
빽빽할 **밀**	나를 **수**	날 **출**
宀 宓 宓 密	日 車 軩 輸	丨 屮 出 出

사회

밀수출 : 법을 어기고 몰래하는 수출.

♣ 한자의 뜻과 음을 읽으며 쓰세요.

季	節	風
계절 **계**	마디 **절**	바람 **풍**
二 禾 季 季	𥫗 竺 管 節	丿 几 凤 風

사회

계절풍 : 몬순(monsoon)이라고도 하며, 겨울에는 대륙에서 해양으로, 여름에는 해양에서 대륙으로 부는 바람.

比	例
견줄 **비**	법식 **례**
一 ト ﾄ 比	亻 亻 例 例

수학

비례 : 두 양(量)의 비(比)가 다른 두 양의 비와 같은 일. 또는 그 관계에 있는 양을 다루는 산법(算法).

旣	成	服
이미 **기**	이룰 **성**	옷 **복**
白 皀 旣 旣	厂 厅 成 成	刀 月 肑 服

가정

기성복 : 상품으로서 주문 받지 않고 일정한 기준 치수에 맞춰서 미리 지어 놓은 옷.

成	層	圈
이룰 **성**	층 **층**	우리 **권**
厂 厅 成 成	尸 屄 層 層	冂 冏 圏 圈

과학

성층권 : 대류권 위에 있는 기온이 거의 일정한 대기권.

惹	起
이끌 **야**	일어날 **기**
艹 芋 若 惹	土 走 走 起

사회

야기 : 어떤 사건이나 일 등을 불러 일으킴.

渾	天	儀
흐릴 **혼**	하늘 **천**	거동 **의**
氵 汩 渾 渾	一 二 天 天	亻 催 儀 儀

사회

혼천의 : 둥근 공 모양의 물체를 이용하여 천체의 운행을 관측하던 기계.

102

協	奏	曲
맞을 **협**	아뢸 **주**	굽을 **곡**
十 忄 协 協	三 夫 表 奏	丨 冂 曰 曲

협주곡 : 독주 악기와 관현악이 합주하는 소나타 형식의 악곡.

輕	減
가벼울 **경**	덜 **감**
日 車 輕 輕	氵 汀 泸 減

경감 : 감하여 가볍게 함.

交	子	床
사귈 **교**	아들 **자**	상 **상**
亠 六 亣 交	了 子	丶 广 庁 床

교자상 : 음식을 차려 놓는 사각형의 큰 상.

脚	氣	病
다리 **각**	기운 **기**	병들 **병**
月 肚 脚 脚	一 气 氕 氣	广 疒 病 病

각기병 : 비타민이 결핍되어 나타나는 증상으로 다리에 공기가 든 것처럼 부음.

糖	類
사탕 **당**	무리 **류**
丷 米 糖 糖	米 类 類 類

당류 : 액체에 녹으며 단맛이 있는 탄수화물.

半	導	體
반 **반**	이끌 **도**	몸 **체**
丶 丷 兰 半	亠 首 道 導	吅 骨 體 體

반도체 : 전기를 전하는 성질이 양도체와 절연체의 중간 정도 되는 물질.

多	島	海
많을 다	섬 도	바다 해
ク夕多多	イ户鳥島	氵氵汇海海

과학

다도해 : 섬이 많은 바다.

瘠	薄
파리할 척	엷을 박
广广疒疒瘠瘠	艹氵蒲薄

사회

척박 : 땅이 몹시 메마르고 기름지지 못함.

顯	微	鏡
나타낼 현	작을 미	거울 경
日㬎顯顯	彳彳微微	钅金鏡鏡

과학

현미경 : 아주 작은 물체를 확대하여 보는 장치.

氷	河	期
얼음 빙	강 하	기약할 기
丿丬才氷	氵氵汀河河	卄其期期

사회

빙하기 : 지구의 온도가 평균 10도씨 가량 낮아서 육지가 얼음으로 덮여 있던 시대.

傳	喝
전할 전	꾸짖을 갈
亻佰傳傳	口叩喝喝

사회

전갈 : 사람을 시켜서 남의 안부를 묻거나 말을 전함.

韓	半	島
나라 한	반 반	섬 도
古车軺韓	丶丷半半	イ户鳥島

역사

한반도 : 국토의 대부분이 반도로 이루어진 우리 나라를 이르는 말.

♣ 한자의 뜻과 음을 읽으며 쓰세요.

管	絃	樂
대롱 **관**	악기줄 **현**	풍류 **악**
^ 竹 竺 管	ㄠ 糸 糸 絃	白 幽 樂 樂

음악

관현악 : 관악기 · 현악기 · 타악기의 합주 음악.

等	式
가지런할 **등**	법 **식**
^ 竹 笭 等	一 ㄒ 式 式

수학

등식 : 등호를 사용하여 같음을 나타낸 식.

風	土	病
바람 **풍**	흙 **토**	병들 **병**
) 几 風 風	一 十 土	广 疒 病 病

사회

풍토병 : 기후 · 지질로 인해 생기는 그 지역 특유의 병.

消	費	者
사라질 **소**	소비할 **비**	사람 **자**
氵 汁 消 消	弓 弗 費 費	十 少 者 者

가정

소비자 : 돈이나 물건을 쓰는 사람.

倫	理
인륜 **윤**	다스릴 **리**
亻 伀 倫 倫	二 王 玾 理

가정

윤리 : 사람이 마땅히 행하거나 지켜야 할 도리.

等	高	線
가지런할 **등**	높을 **고**	줄 **선**
^ 竹 笭 等	二 吉 高 高	ㄠ 糸 綜 線

사회

등고선 : 지도에서 해발 고도가 같은 지점들을 연결한 곡선.

風	媒	花
바람 **풍**	중매 **매**	꽃 **화**
ノ 几 凬 風	女 妒 媒 媒	十 艹 芢 花

과학

풍매화 : 바람에 의해 꽃가루가 옮겨가 수분이 이루어지는 꽃.

昇	華
오를 **승**	꽃 **화**
口 日 旦 昇	艹 莁 莁 華

과학

승화 : 사물 현상이 더욱 높은 상태로 끌어 올려짐.

降	水	量
내릴 **강**	물 **수**	헤아릴 **량**
阝 阝 降 降	ノ 水 水 水	口 旦 昌 量

사회

강수량 : 비 · 눈 · 우박 따위가 지상에 내린 것을 모두 물로 환산한 분량.

干	拓	地
방패 **간**	넓힐 **척**	땅 **지**
一 二 干	扌 扌 扝 拓	一 土 圵 地

사회

간척지 : 간척 공사를 하여 경작지로 만들어 놓은 땅.

農	業
농사 **농**	업 **업**
口 曲 芦 農	丷 业 丵 業

가정

농업 : 땅을 이용하여 유용한 식물을 재배하거나 유용한 동물을 기르는 산업.

螺	旋	形
소라 **나**	돌 **선**	모양 **형**
虫 蚆 螺 螺	方 方 斻 旋	一 二 开 形

과학

나선형 : 나사 모양으로 빙빙 비틀려 돌아간 모양.

淡	彩	畵
묽을 **담**	채색 **채**	그림 **화**
氵 氵 沙 淡	灬 平 釆 彩	彐 書 書 畵

미술

담채화 : 여린 색깔이나 물을 많이 써서 투명하게 그린 그림.

濕	潤
축축할 **습**	젖을 **윤**
氵 渇 濕 濕	氵 沪 潤 潤

사회

습윤 : 습하고 질척질척함. 습기를 띔.

抛	物	線
던질 **포**	만물 **물**	줄 **선**
一 扌 扚 抛	一 牜 牞 物	幺 糸 綧 線

과학

포물선 : 비스듬히 위로 던진 물체가 그리는 궤도.

特	産	物
특별 **특**	낳을 **산**	만물 **물**
一 牜 牪 特	亠 立 产 産	一 牜 牞 物

국어

특산물 : 어떤 지방의 특별한 산물.

滅	種
멸망할 **멸**	씨 **종**
氵 沪 減 滅	二 禾 秎 種

과학

멸종 : 씨가 없어짐. 한 종류가 모두 없어짐.

對	角	線
대답할 **대**	뿔 **각**	줄 **선**
业 半 對 對	夕 角 角 角	幺 糸 綧 線

수학

대각선 : 마주 보는 각을 이은 선분.

餘	集	合
남을 **여**	모일 **집**	합할 **합**
ノ ⺈ 飠 飠 餘	イ ⺅ 隹 集	人 스 合 合

수학

여집합 : 전체집합에서 그 집합을 제외하고 남은 집합.

延	長
끌 **연**	길 **장**
⺊ 正 延 延	「 토 토 長

국어

연장 : 길게 늘임. 늘어남.

年	較	差
해 **연**	견줄 **교**	어긋날 **차**
ノ ⺊ ⺊ 年	日 車 軡 較	⺍ 差 羊 差

사회

연교차 : 기온이나 습도 따위가 철에 따라 변화하는 차이.

熱	帶	林
더울 **열**	띠 **대**	수풀 **림**
⺌ 埶 埶 熱	一 卅 卌 帶	十 木 柿 林

과학

열대림 : 남북희귀선 사이에 있는 열대 지방의 삼림 식물대.

衰	弱
쇠할 **쇠**	약할 **약**
⺌ 声 亭 衰	弓 弱 弱 弱

국어

쇠약 : 튼튼하지 못하고 약함. 약해져서 전보다 못하여 감.

資	本	家
재물 **자**	근본 **본**	집 **가**
⼎ 次 瓷 資	一 十 木 本	宀 宁 家 家

사회

자본가 : 생산 수단으로 자본을 소유하고 노동자를 고용하여 이윤을 얻는 사람.

自	畫	像
스스로 **자**	그림 **화**	형상 **상**
′ ′ ′ 自	一 聿 書 畫	亻 傍 像 像

미술

자화상 : 자기가 그린 자신의 초상화.

剝	奪
벗길 **박**	빼앗을 **탈**
氵 弓 录 剝	六 本 奞 奪

국어

박탈 : 재물이나 권리 따위를 강제로 빼앗음.

再	活	用
두번 **재**	살 **활**	쓸 **용**
一 冂 冃 再	冫 汀 汗 活	丿 冂 月 用

가정

재활용 : 본래의 기능을 살려서 잘 이용함.

絶	緣	體
끊을 **절**	가선 **연**	몸 **체**
幺 糸 絲 絶	幺 糸 終 緣	皿 骨 體 體

과학

절연체 : 열이나 전기를 잘 전달하지 않는 물체.

諷	刺
풍자할 **풍**	찌를 **자**
言 言 訊 諷	一 市 束 刺

국어

풍자 : 무엇에 빗대어 재치 있게 경계하거나 비판함.

天	日	鹽
하늘 **천**	날 **일**	소금 **염**
一 二 天 天	丨 冂 冃 日	卧 卧 鹽 鹽

사회

천일염 : 염전에서 바닷물을 끌어들여 햇볕과 바람으로 수분을 증발시켜 만든 소금.

㉮

可 옳을 가 　　加 더할 가 　　家 집 가 　　歌 노래 가 　　假 거짓 가
價 값 가 　　角 뿔 각 　　却 물리칠 각 　　咯 토할 각 　　刻 새길 각
殼 껍질 각 　　覺 깨달을 각 　　干 방패 간 　　奸 범할 간 　　間 사이 간
諫 간할 간 　　葛 칡 갈 　　甘 달 감 　　鑑 살필 감 　　强 힘쓸 강
降 내릴 강 　　康 편안할 강 　　講 익힐 강 　　腔 빈속 강 　　改 고칠 개
開 열 개 　　漑 물댈 개 　　巨 클 거 　　擧 들 거 　　件 사건 건
乾 하늘 건 　　建 세울 건 　　健 튼튼할 건 　　鍵 열쇠 건 　　乞 빌 걸
格 격식 격 　　擊 칠 격 　　見 볼 견 　　堅 굳을 견 　　決 결단할 결
缺 이지러질 결 　　結 맺을 결 　　競 겨룰 경 　　敬 공경할 경 　　耕 밭갈 경
溪 시내 계 　　計 셈할 계 　　階 계단 계 　　鷄 닭 계 　　古 옛 고
告 알릴 고 　　苦 쓸 고 　　固 굳을 고 　　高 높을 고 　　考 생각할 고
庫 창고 고 　　鼓 북 고 　　谷 골 곡 　　曲 굽을 곡 　　穀 곡식 곡
困 괴로울 곤 　　汨 빠질 골 　　骨 뼈 골 　　工 장인 공 　　公 공변될 공
空 빌 공 　　共 함께 공 　　貢 바칠 공 　　果 실과 과 　　課 매길 과
官 벼슬 관 　　管 대롱 관 　　冠 갓 관 　　貫 꿸 관 　　灌 물댈 관
慣 버릇 관 　　光 빛 광 　　廣 넓을 광 　　鑛 쇳돌 광 　　交 사귈 교
巧 공교할 교 　　校 학교 교 　　喬 높을 교 　　較 비교할 교 　　敎 가르칠 교
僑 우거할 교 　　口 입 구 　　丘 언덕 구 　　求 구할 구 　　區 지경 구
具 갖출 구 　　苟 진실로 구 　　舊 옛 구 　　國 나라 국 　　軍 군사 군
屈 굽을 굴 　　掘 팔 굴 　　宮 집 궁 　　圈 우리 권 　　權 권세 권
軌 길 궤 　　鬼 귀신 귀 　　貴 귀할 귀 　　規 법 규 　　均 고를 균
極 다할 극 　　近 가까울 근 　　根 뿌리 근 　　金 쇠 금 　　琴 거문고 금
急 급할 급 　　給 줄 급 　　級 등급 급 　　及 미칠 급 　　肯 즐길 긍
矜 자랑할 긍 　　基 터 기 　　氣 기운 기 　　期 기약할 기 　　起 일어날 기
器 그릇 기 　　技 재주 기 　　飢 주릴 기 　　記 기록할 기 　　機 기계 기

㉯

暖 따뜻할 난 　　煖 따뜻할 난 　　南 남녘 남 　　納 들일 납 　　內 안 내
女 계집 녀 　　年 해 년 　　念 생각할 념 　　濃 짙을 농

110

111

髮 터럭 발 | 方 모 방 | 房 방 방 | 放 놓을 방 | 防 막을 방
紡 자을 방 | 謗 비방할 방 | 倍 곱 배 | 拜 절 배 | 配 나눌 배
排 밀칠 배 | 白 흰 백 | 百 일백 백 | 氾 넘칠 범 | 法 법 법
邊 가 변 | 辮 땋을 변 | 變 변할 변 | 別 나눌 별 | 兵 군사 병
倂 아우를 병 | 步 걸음 보 | 普 넓을 보 | 報 알릴 보 | 譜 보 보
伏 엎드릴 복 | 服 옷 복 | 復 돌아올 복 | 本 근본 본 | 蜂 벌 봉
不 아닐 부 | 父 아비 부 | 付 줄 부 | 否 아닐 부 | 負 질 부
部 거느릴 부 | 分 나눌 분 | 粉 가루 분 | 奔 달릴 분 | 紛 어지러울 분
盆 동이 분 | 不 아니 불 | 朋 벗 붕 | 非 아닐 비 | 比 견줄 비
泌 샘 비 | 肥 살찔 비 | 碑 비석 비 | 悲 슬플 비 | 費 소비할 비
備 갖출 비 | 誹 비방할 비 | 貧 가난할 빈 | 賓 손님 빈 | 氷 얼음 빙

㉨

士 선비 사 | 四 넉 사 | 私 사사 사 | 舍 집 사 | 史 역사 사
砂 모래 사 | 使 부릴 사 | 死 죽을 사 | 祠 사당 사 | 査 조사할 사
賜 줄 사 | 事 일 사 | 射 쏠 사 | 思 생각할 사 | 詞 말씀 사
絲 실 사 | 邪 간사할 사 | 謝 사례할 사 | 山 뫼 산 | 傘 우산 산
散 흩을 산 | 産 낳을 산 | 算 셈할 산 | 上 위 상 | 床 평상 상
狀 형상 상 | 常 항상 상 | 相 서로 상 | 想 생각할 상 | 象 코끼리 상
商 헤아릴 상 | 賞 상줄 상 | 色 빛 색 | 生 날 생 | 西 서녘 서
序 차례 서 | 書 글 서 | 婿 사위 서 | 緒 실마리 서 | 夕 저녁 석
石 돌 석 | 汐 조수 석 | 仙 신선 선 | 先 먼저 선 | 鮮 고울 선
線 줄 선 | 選 가릴 선 | 雪 눈 설 | 設 베풀 설 | 說 말씀 설
閃 번쩍할 섬 | 涉 건널 섭 | 攝 당길 섭 | 性 성품 성 | 成 이룰 성
星 별 성 | 聲 소리 성 | 世 인간 세 | 細 가늘 세 | 稅 구실 세
小 작을 소 | 少 적을 소 | 消 사라질 소 | 疏 트일 소 | 所 장소 소
燒 불사를 소 | 素 흴 소 | 蔬 푸성귀 소 | 簫 퉁소 소 | 塑 토우 소
騷 떠들 소 | 速 빠를 속 | 束 묶을 속 | 屬 붙을 속 | 率 거느릴 솔
松 소나무 송 | 水 물 수 | 手 손 수 | 受 받을 수 | 首 머리 수
守 지킬 수 | 收 거둘 수 | 修 닦을 수 | 數 | 髓 골수 수
宿 묵을 숙 | 熟 익을 숙 | 筍 죽순 순 | 盾 방패 순 | 順 순할 순
巡 돌 순 | 殉 따라죽을 순 | 術 재주 술 | 拾 주울 습 | 習 익힐 습
濕 축축할 습 | 褶 주름 습 | 僧 중 승 | 昇 오를 승 | 市 저자 시
示 보일 시 | 是 옳을 시 | 侍 모실 시 | 視 볼 시 | 施 베풀 시
時 때 시 | 式 법 식 | 食 밥 식 | 蝕 좀먹을 식 | 植 심을 식

臣 신하 신　　身 몸 신　　信 믿을 신　　新 새 신　　神 귀신 신
失 잃을 실　　實 열매 실　　心 마음 심　　深 깊을 심　　芯 등심초 심
十 열 십

아

牙 어금니 아　　芽 싹 아　　我 나 아　　衙 마을 아　　餓 주릴 아
惡 악할 악　　樂 풍류 악　　安 편안할 안　　眼 눈 안　　案 책상 안
巖 바위 암　　壓 누를 압　　殃 재앙 앙　　液 진액 액　　額 이마 액
夜 밤 야　　野 들 야　　約 묶을 약　　弱 약할 약　　藥 약 약
羊 양 양　　陽 볕 양　　養 기를 양　　讓 사양할 양　　壤 흙 양
魚 고기 어　　漁 고기잡을 어　　言 말씀 언　　業 업 업　　與 줄 여
逆 거스를 역　　役 부릴 역　　域 지경 역　　驛 역참 역　　延 끌 연
緣 인연 연　　鉛 납 연　　演 펼 연　　蠕 꿈틀거릴 연　　熱 더울 열
染 물들일 염　　鹽 소금 염　　映 비출 영　　營 경영할 영　　豫 미리 예
藝 심을 예　　午 낮 오　　屋 집 옥　　溫 따뜻할 온　　王 임금 왕
外 밖 외　　要 구할 요　　謠 노래 요　　浴 목욕할 욕　　欲 바랄 욕
用 쓸 용　　鎔 녹일 용　　熔 녹일 용　　溶 녹을 용　　友 벗 우
牛 소 우　　雨 비 우　　運 돌 운　　雲 구름 운　　元 으뜸 원
原 근원 원　　源 근원 원　　願 원할 원　　遠 멀 원　　園 동산 원
月 달 월　　位 자리 위　　危 위태할 위　　威 위엄 위　　由 말미암을 유
乳 젖 유　　油 기름 유　　遺 끼칠 유　　諭 깨우칠 유　　維 바 유
肉 고기 육　　潤 젖을 윤　　率 비율 율　　融 화할 융　　音 소리 음
吟 읊을 음　　飮 마실 음　　邑 고을 읍　　凝 엉길 응　　依 의지할 의
意 뜻 의　　議 의논할 의　　移 옮길 이　　益 더할 익　　人 사람 인
引 당길 인　　因 인할 인　　一 한 일　　日 날 일　　溢 넘칠 일
逸 달아날 일　　任 맡길 임　　賃 품팔이 임　　入 들 입

자

子 아들 자　　字 글자 자　　自 스스로 자　　諮 물을 자　　慈 사랑 자
磁 자석 자　　資 재물 자　　瓷 사기그릇 자　　作 지을 작　　嚼 씹을 작
章 글 장　　長 길 장　　場 마당 장　　葬 장사 장　　才 재주 재
材 재목 재　　在 있을 재　　再 두번 재　　災 재앙 재　　裁 마를 재
爭 다툴 쟁　　沮 막을 저　　咀 씹을 저　　抵 거스를 저　　的 과녁 적
適 갈 적　　跡 발자취 적　　積 쌓을 적　　田 밭 전　　全 온전할 전

篆 전자 전	典 법 전	專 오로지 전	電 번개 전	前 앞 전
轉 구를 전	折 꺾을 절	切 끊을 절	節 마디 절	截 끊을 절
點 점 점	接 사귈 접	正 바를 정	井 우물 정	定 정할 정
亭 정자 정	政 정사 정	庭 뜰 정	廷 조정 정	程 단위 정
淨 깨끗할 정	晶 밝을 정	情 뜻 정	停 머무를 정	精 자세할 정
整 가지런할 정	製 지을 제	制 마를 제	堤 방죽 제	組 짤 조
造 지을 조	朝 아침 조	照 비출 조	潮 조수 조	條 가지 조
燥 마를 조	鳥 새조 조	租 구실 조	彫 새길 조	存 있을 존
拙 졸할 졸	宗 마루 종	種 씨 종	座 자리 좌	主 주인 주
住 살 주	走 달릴 주	週 돌 주	奏 아뢸 주	鑄 주물 주
竹 대 죽	遵 좇을 준	中 가운 중	重 무거울 중	衆 무리 중
蒸 찔 증	止 그칠 지	地 땅 지	志 뜻 지	知 알 지
至 이를 지	旨 맛있을 지	池 못 지	紙 종이 지	指 손가락 지
持 가질 지	直 곧을 직	織 짤 직	職 벼슬 직	進 나아갈 진
振 떨친 진	眞 참 진	震 벼락 진	質 바탕 질	集 모일 집

㉆

且 또 차	借 빌릴 차	差 어긋날 차	遮 막을 차	錯 섞일 착
搾 짤 착	着 붙을 착	讚 기릴 찬	鑽 뚫을 찬	站 설 참
唱 노래 창	創 비롯할 창	采 캘 채	採 캘 채	菜 나물 채
冊 책 책	策 꾀 책	處 살 처	尺 자 척	脊 등성마루 척
瘠 파리할 척	川 내 천	天 하늘 천	薦 천거할 천	遷 옮길 천
尖 뾰족할 첨	靑 푸를 청	聽 들을 청	滯 막힐 체	體 몸 체
草 풀 초	初 처음 초	觸 닿을 촉	總 거느릴 총	抽 뺄 추
秋 가을 추	縮 줄일 축	春 봄 춘	出 날 출	充 찰 충
衷 속마음 충	忠 충성 충	吹 불 취	取 취할 취	層 층 층
治 다스릴 치	値 값 치	置 둘 치	鴟 소리개 치	則 법칙 칙
枕 베개 침	沈 잠길 침	浸 담글 침	快 쾌할 쾌	

㉤

打 칠 타	彈 탄알 탄	脫 벗을 탈	奪 빼앗을 탈	太 클 태
態 모양 태	颱 태풍 태	宅 집 택	土 흙 토	統 거느릴 통
通 통할 통	退 물러날 퇴	堆 언덕 퇴	投 던질 투	

㉇

波 물결 파　　破 깨뜨릴 파　　版 널 판　　狽 이리 패　　覇 으뜸 패
膨 부풀 팽　　便 편할 편　　片 조각 편　　平 평평할 평　　廢 폐할 폐
布 베 포　　　包 쌀 포　　　胞 태보 포　　飽 물릴 포　　表 겉 표
標 표할 표　　品 물건 품　　風 바람 풍　　皮 가죽 피　　必 반드시 필
乏 가난할 핍

㉹

下 아래 하　　河 강이름 하　　荷 연 하　　夏 여름 하　　學 배울 학
寒 찰 한　　　韓 나라 한　　割 나눌 할　　含 머금을 함　　函 함 함
陷 빠질 함　　合 합할 합　　項 조목 항　　抗 막을 항　　港 항구 항
缸 항아리 항　　享 누릴 향　　害 해칠 해　　奚 어찌 해　　骸 뼈 해
海 바다 해　　解 풀 해　　　核 씨 핵　　行 다닐 행　　憲 법 헌
革 가죽 혁　　現 나타날 현　　賢 어질 현　　血 피 혈　　脅 옆구리 협
協 맞을 협　　峽 골짜기 협　　形 모양 형　　衡 저울대 형　　戶 집 호
好 좋을 호　　號 부르짖을 호　　洪 큰물 홍　　火 불 화　　化 될 화
花 꽃 화　　　和 화할 화　　禍 재화 화　　畵 그림 화　　華 꽃 화
擴 넓힐 확　　換 바꿀 환　　活 살 활　　況 하물며 황　　黃 누를 황
回 돌 회　　　會 모일 회　　誨 가르칠 회　　酵 술밑 효　　後 뒤 후
候 물을 후　　燻 연기 훈　　凶 흉할 흉　　胸 가슴 흉　　欣 기뻐할 흔
希 바랄 희　　稀 드물 희